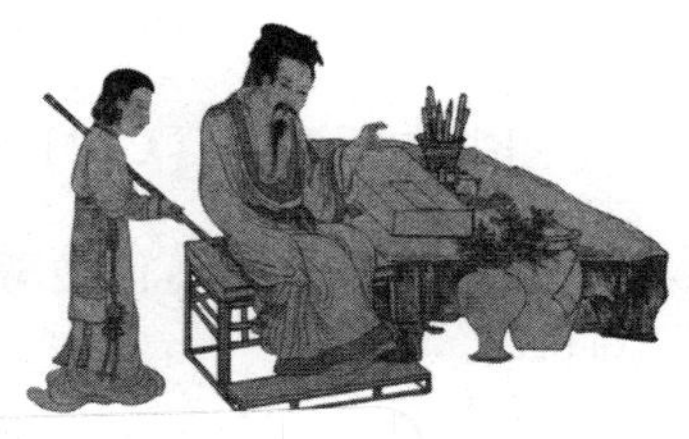

史料与史学

翦伯赞 著

北京出版集团公司
北京出版社

图书在版编目（CIP）数据

史料与史学／翦伯赞著. —2版. —北京：北京出版社，2011.5
（大家小书）
ISBN 978-7-200-08672-0

Ⅰ. ①史… Ⅱ. ①翦… Ⅲ. ①史学—研究方法 Ⅳ. ①K061

中国版本图书馆CIP数据核字(2011)第060377号

责任编辑　楼　霏　莫常红
责任印制　宋　超
装帧设计　北京纸墨春秋艺术设计工作室

大家小书
史料与史学
SHILIAO YU SHIXUE
翦伯赞　著
*
北京出版集团公司
北京出版社　出版
（北京北三环中路6号）
邮政编码：100120
网　址：www.bph.com.cn
北京出版集团公司总发行
新华书店经销
三河市同力彩印有限公司印刷
*
880×1230　32开本　7.625印张　124千字
2011年6月第2版　2023年2月第3次印刷
ISBN 978-7-200-08672-0
定价：46.00元
质量监督电话：010-58572393

序　言

袁行霈

“大家小书”，是一个很俏皮的名称。此所谓“大家”，包括两方面的含义：一、书的作者是大家；二、书是写给大家看的，是大家的读物。所谓“小书”者，只是就其篇幅而言，篇幅显得小一些罢了。若论学术性则不但不轻，有些倒是相当重。其实，篇幅大小也是相对的，一部书十万字，在今天的印刷条件下，似乎算小书，若在老子、孔子的时代，又何尝就小呢？

编辑这套丛书，有一个用意就是节省读者的时间，让读者在较短的时间内获得较多的知识。在信息爆炸的时代，人们要学的东西太多了。补习，遂成为经常的需要。如果不善于补习，东抓一把，西抓一把，今天补这，明天补那，效果未必很好。如果把读书当成吃补药，还会失去读书时应有的那份从容和快乐。这套丛书每本的篇幅都小，读者即使细细地阅读慢慢地体味，也花不了多少时间，可以充分享受读书的乐趣。如果把它们当成补药来吃也行，剂量小，吃起来方便，消化起来也容易。

我们还有一个用意，就是想做一点文化积累的工作。把那些经过时间考验的、读者认同的著作，搜集到一起印刷出版，使之不至于泯没。有些书曾经畅销一时，但现在已经不容易得到；有些书当时或许没有引起很多人注意，但时间证明它们价值不菲。这两类书都需要挖掘出来，让它们重现光芒。科技类的图书偏重实用，一过时就不会有太多读者了，除了研究科技史的人还要用到之外。人文科学则不然，有许多书是常读常新的。然而，这套丛书也不都是旧书的重版，我们也想请一些著名的学者新写一些学术性和普及性兼备的小书，以满足读者日益增长的需求。

“大家小书”的开本不大，读者可以揣进衣兜里，随时随地掏出来读上几页。在路边等人的时候、在排队买戏票的时候，在车上、在公园里，都可以读。这样的读者多了，会为社会增添一些文化的色彩和学习的气氛，岂不是一件好事吗？

“大家小书”出版在即，出版社同志命我撰序说明原委。既然这套丛书标示书之小，序言当然也应以短小为宜。该说的都说了，就此搁笔吧。

学习《史料与史学》的一些体会（代序）

张传玺

翦伯赞先生所著《史料与史学》一书，是一本讲述中国古代“史料学”与“历史学”的著作。其原本于1946年4月由上海国际文化服务社出版，共收论文三篇，为《略论中国文献学上的史料》、《论司马迁的历史学》及《论刘知几的历史学》。本书为增订本，是我在“文革”之后，按照翦老生前的意愿，以原本为基础增补而成，于1985年9月由北京大学出版社出版。新收论文亦为三篇：《略论搜集史料的方法》、《考古发现与历史研究》及《关于历史学的“三基”问题》。翦先生是一位著名的马克思主义史学家，他在一生中，除了为史学研究和建设编写了许多重头名著如《中国史纲》、《历史哲学教程》等之外，还写了不少普及性的读物，以帮助一般群众，尤其是青年学生学习和研究历史之用，本书就是他所著的一本重要的史学入门之作。

一

本书由“原本”的产生到“增订本”的出版，其间相距40年。在这40年中，中国的历史发生了翻天覆地的变化，翦老本人的生活也经历了严重的漂沉激荡。本书虽小，其形成过程却反映出了中国和翦老本人历史的一个重要侧面。

本书原本的基础，是翦老在1945年5月为重庆北碚复旦大学所作的学术讲演稿，题作《史料与历史科学》。讲演之后，应书店之约，准备整理出版。可是时在抗日战争的后期，全国的政治形势明显将发生剧变，关于此事，翦老已有预感，所以他的讲稿才整理了三分之一时，即暂停整理。8月2日，他写下了这样一张纸条，文曰：

> 我很早就想写一篇关于史料的论文，但总是没有着笔。月前，复旦大学文学院约我作一次学术讲演，我就讲《史料与历史科学》这个问题。惟讲演时，为时间所限，不能作较详之发挥。近因书店之约，要我写一本关于史料学方面的小册子，我就开始把这次的讲演稿加以整理，计有三篇：一、中国

文献学上的史料；二、中国考古学上的史料；三、与收集整理史料有关的各种学问。现在我还只写成《中国文献学上的史料》一篇；其余两篇，假如我的生活不发生变动，也想继续写出来。

可是，翦老搁笔才13天，日本天皇就宣布无条件投降了，中国的政局在急剧变化，翦老的生活也在相应地波动。8月28日，中共中央主席毛泽东自延安飞抵重庆，同国民党头头蒋介石开始进行和平谈判。在此期间，翦老担任了毛泽东与国民党高级“左派”人士冯玉祥、覃振之间的联络员。毛泽东回延安后，国、共双方和民主党派举行了22天的政治协商会议，翦老又为中国民主同盟代表团聘为顾问，参加了这项关系中华民族命运的重要政治活动。1946年春，他又协助陶行知先生在重庆创办了社会大学，并兼任教授。就是在这样繁忙的情况下，他还是于这年的4月10日，在重庆《青年学习》杂志上发表了《史料的收集与辨伪》一文，显然他并未忘怀《史料与史学》一书。5月4日，他乘中共中央代表团的专机，由重庆飞抵南京，后又转至上海。不久，因患严重的黄疸病而卧床不起，继之长期住院。就是在这样的困境之中，他还是伏床写作，并于这年的10月1日，在上海《中华论坛》杂志上发表了《略论收集史料的方法》一文，长约2万余字。显然他在此时，还为《史料与史学》一书而费心尽力。

此后，全国的解放战争日益炽烈，白区上海的斗争也更加残酷，翦老的身后不断有特务跟踪。1948年10月，翦老因斗争需要，转移至香港，继续进行民主运动。次年11月，奉命由香港转道大连，又浮海至山东半岛，历时40余天，于1949年1月4日终于到达了河北阜平县李家庄的中共中央统战部驻地。这月31日，北平和平解放，翦老又以文化接管委员的身份随军进北平。起初，他应燕京大学之聘，到该校社会学系任教授。1952年全国高校院系调整，他又被调到北京大学，任历史系教授兼系主任。此外，还兼任政务院文教委员会委员、中央民族事务委员会委员等。总之，新中国成立之初，百废待兴，翦老也席不暇暖。可是1954年春，他在参观了中央文化部举办的"全国基本建设工程中出土文物展览会"后，却很快地写出了《考古发现与历史研究》一文，发表于5月20日《光明日报》，应当说这是他为《史料与史学》一书的再补充。至此，翦老为《史料与史学》一书设计的原始蓝图已基本实现了。

二

关于本书的内容，顾名思义，分为两大主题：一为“史料”，一为“史学”。如上所述，翦老所说的“史料”，不是通常所泛称的历史资料，而是“史料学”，是研究史料的一种专门学问。更明确地说，是研究中国历史资料的具体门径和方法。中国的历史资料浩如烟海，学者们往往穷毕生之精力，仍莫测其涯际。所以自古以来，就有“书山有路勤为径，学海无涯苦作舟”之说。要有“勤”与“苦”的精神显然是应当的；但如方法不对头，仍然会不得其门而入。所以科学的方法尤为必要。翦老在《略论中国文献学上的史料》一文中，开列了五项子目，为“导言”，“正史”，“正史以外的诸史”，“史部以外的群书——经、子、集”，“四部以外的各种文字记录”。这是对史料的范围分别层次，自中心而外延、由主要而次要、无远弗届、竭泽而渔的网罗收集法。当然所收集来的史料并非一一可用，需要再做甄别，区分主次，去伪存真，再下一番提炼升华的工夫。他紧扣《略论中国文献学上的史料》一文之后，又发表了《略论搜集史料的方法》一文，亦于下开列了五项子目，为“史料与方法”，“史料探源与目录学”，“史料择别与辨伪学”，“史料辨证与考据学”，“史料的搜集整理与统计学、逻辑学及唯物辩证法”。这是对史料鉴定的诸多方法分门别类，具体交代，明其功能，便于应用，以利于最后筛选出真实可信的史料。

《考古发现与历史研究》一文，是在文献史料之外的新命题。这个命题在解放前考古工作无甚开展的时代，是不可想象的。但在新中国建立以后，考古事业飞跃发展，这个命题的提出就有非常重大的意义，而且越来越显示出生命力。翦老在此文中说：我们史学研究者应“以更大的努力不断地向考古发现吸收知识去丰富中国的历史，补充和订正中国的历史，把考古的发现应用到历史研究和历史教学中去，使这些发现成为对人民群众进行爱国主义历史教育的教材”。这样的指导对史学工作者，尤其是对初涉史学的人十分有益。

三

翦老在本书中所说的“史学”亦如上述，主要是说研究历史的理论和方法，通称“历史学”。古代有古代的历史学，近代有近代的历史学，现代有现代的历史学，各阶级各民族都有本阶级本民族的历史学。不过本书所收，是翦老运用马克思主义的观点和方法评论的两个古代史学范例，即司马迁和刘知几的历史学。翦老对他俩的史学成就评价很高。如评价司马迁说："余读《史记》，不禁惊叹在今日两千余年前的史学家，竟能创造如此周密的方法，其头脑是何等的精细！眼光是何等的博大！"再如在评价刘知几时说："《史通》一书，实为一部富有灵魂的历史著作。诚如他自己所云：'其为义也，有与夺焉，有褒贬焉，有鉴诫焉，有讽刺焉。'……虽然亦有其短，但是只要我们想见刘知几是七世纪末的一位历史学家，那他的短处就应该由时代负责了。"

但翦老的观点和方法在本书中，并不仅仅体现在上述两文中，在谈史料的各篇亦都贯穿了他的理论和观点，有时还有大段的论述。如他在《略论搜集史料的方法》一文中曰："要使历史学走上科学的阶梯，必须使史料与方法合而为一。即用科学方法进行史料之搜集、整理与批判；又用史料进行对科学方法之衡量与考验。使方法体化于史料之内，史料融解于方法之中。"三篇谈史料的文章，都充满了唯物主义和辩证法。

《关于历史学的"三基"问题》是翦老于1963年3月在广西师范学院所作学术讲演《关于历史教学和研究

的几个问题》的第二部分。所谓“三基”，就是初学历史的人必须掌握的“三项基本功”，就是“基本理论、基本知识、基本技能”。在这三者中，以“基本理论”为最重要。翦老所以讲这样的问题，是因为在当时的史学界中，仍然存在着不重视，或说是不正确对待马克思主义的问题，有些情况还很严重。所以，他在讲演中说：“对理论，现在我觉得应该提到很高很重要的地位，不仅这样，就是在历史科学本身来讲，这个理论也非常重要。”翦老在这里所说的理论，就是马列主义、毛泽东思想，主要是历史唯物主义。他在讲演中还举例说：“把五四运动以来的历史总结一下要不要理论呢？也要理论吧！鸦片战争以来的历史要总结吧！鸦片战争以前几千年的历史也要总结吧！这些现代史、近代史、古代史都要我们来作总结。整个的历史要我们用马克思列宁主义、毛泽东思想作为指导，重新加以研究，若没有理论怎么行呢？”他还指出：如果马列主义、毛泽东思想没有学好，“那很有可能在历史研究中犯错误”。

翦老的讲话已经过去40多年了，由于各种原因，今天史学领域的思想问题更加严重。以各种方式诋毁、反对马克思主义者大有人在。有所谓“学术绝对自由论”、“文化冲突论”、“客观公正论”等，不一而足。首先以

“学术绝对自由论”来说，他们说：“历史是客观存在的。只要学者们去发挥自由思想，自由研究，自由开发，自由创造，就会获得很好的成果。不需要用哪一家的思想理论做框框，来束缚人们的自由思想。”他们说：“五种社会形态”是斯大林编造出来的，是“斯大林模式”，是教条主义，是紧箍咒。他们还说：“中国史学界自建国以来，在教条主义的影响下，对古代史分期、土地制度、农民战争、资本主义萌芽、汉民族形成等问题，即所谓五朵金花，讨论了几十年，什么问题也没有解决，白白浪费了时间。”

这样的论调对不对呢？我认为是十分错误的。其所以错误，是因为他们打着“学术绝对自由”的幌子，恶毒攻击历史唯物主义。据持此论者说，学术不应有预设的观点，如有了预设的观点，就使作者失去了自由，就会产生偏见，就会套上紧箍咒。可是，所谓“预设观点”，自古有之。因为人类历史是由人类自己认识、复述、编写的，任何作者的论述，都要表达自己的观点。如古代之左丘明在《左传》中有“君子曰”；司马迁在《史记》中有“太史公曰”；司马光在《资治通鉴》中有“臣光曰”等皆是。近人之梁启超就说：“史者何？记述人类社会赓续活动之体相，校其总成绩，求得其因果关系，以为现代一般人活动之资鉴者也。其专述中国先民之活动供现代中国国民之资鉴者，则曰中国史。”（《中国历史研究法》第一章）在外国比较严肃的学者也持同样的观点。如英国的史学家阿诺德·汤因比说：“历史的事实不是‘存在于人的头脑之外的原始事物或事件，因为在我说出它们之前，它们已经经过人的头脑的过滤了’。”（《历史研究》）从上述古今中外的史学家所述可知，没有观点的历史著作是不存在的。“学术绝对自由论”更是无稽之谈。

事实证明，大谈“学术绝对自由”的人也各有理论、观点，而且各有门户。如美国哈佛大学亨廷顿教授，就发明了一种“文化冲突论”，他是此派的鼻祖。他把世界上一切战争的根源都归因于“文化冲突”，其中包括了帝国主义的侵略战争。而且说，这种战争是国家间、民族间文化交流与融合的一种主要方式。此说在中国史学界也大为流行，并为一些人奉为圭臬。他们说，古代发生在欧亚非的著名战争——希波战争、亚历山大东征、古罗马征服地中海、十字军东征等，都是“文化冲突”。有些中国的学者还把这一“文化冲突论”引进自己的国家，竟说汉朝与匈奴的战争是“文化冲突”，宋朝与蒙古族的战争也是“文化冲突”。还有人试图用“文化冲突论”

来全面重新解释自中英鸦片战争以来，历次帝国主义的侵华战争和中国人民抗击侵略的民族解放战争。这是多么严重多么荒谬的事情。毛泽东很早就说：“历史上的战争分为两类，一类是正义的，一类是非正义的。一切进步的战争都是正义的，一切阻碍进步的战争都是非正义的。”（《论持久战》）又说：“历史上的战争，只有正义的和非正义的两类。我们是拥护正义战争，反对非正义战争的。”（《中国革命战争的战略问题》）

今天，中国史学界的谬论很多，有的来自外国，也有不少是土产。不仅把正常的研究历史的传统搞乱了，又歪曲了历史本身；谬种流传，还将贻害子孙后代。中国作为一个社会主义大国，发展多元型的文化是必要的。但要其迅速、健康地发展而不混乱，就必须要坚决维护马克思主义历史唯物主义的指导地位，并要大力加强。对历史学来说，尤应如此。

2004 年 10 月 24 日于北京大学

目　录

关于历史学的“三基”问题

我到桂林以后，听师范学院的老师们谈到历史学的基本功问题。我觉得基本功是要学的，但这个提法不大全面，全面的提法还是要讲“三个基本”，即基本理论、基本知识和基本技能。就我所知道，现在讲的基本功，主要的是讲如何读书，如何查字典，如何找材料，不包括基本理论在内。我这个人很喜欢讲话，当大家对史料不大十分注意的时候，我曾经提醒过大家要注意史料。现在似乎大家又好象偏重史料，对理论不大注意了，因此，我又想提醒一下大家，理论还是要放在最重要的地位。

一　关于基本理论问题

所谓理论，就是马克思列宁主义、毛泽东思想。没有这种理论去指导研究历史，是研究不好的。因此，学习马列主义理论，特别是学习毛泽东思想，在今天，是我们历史系的学生和老师最主要的一个任务。如果马列主义没有学好，毛泽东思想没有学好，那很有可能在历史研究中犯错误。

对理论，现在我觉得应该提到很高很重要的地位。不仅这一点，就是在历史科学本身来讲，这个理论也非常重要。我们研究一个历史人物，就是替这个人物作总结；我们研究一个历史时代，就是替这个历史时代作总结；我们研究一个历史制度，就是替这个历史制度作总结；我们研究一个历史事件，就是替这个历史事件作总结。作总结不容易吧！我们搞了一年工作和教学，要总结一下我们的经验。一年的历史都很难总结，那么总结几千年的历史就更难了。我们现在能不能写出现代史来呀，解放以来的历史，能不能写出一本书来总结一下呢？我看很难写出来，我也写不出来。那么把五四运动以来的历史总结一下，要不要理论呢？也要理论吧！鸦片战争以来的历史，要总结吧！鸦片战争以前几千年的历史，也要总结吧！这些现代史、近代史、古代史，都要我们来作总结。整个的历史，要我们用马克思列宁主义、毛泽东思想作为指导，重新加以研究。若没有理论怎么行呢？毛主席告诉我们，从孔夫子到孙中山，都要研究。我们打开“二十四史”，有许多历史人物，都要作总结。毛主席只是告诉我们，这些人要总结，要对他们进行研究，要给他们评价；也告诉我们如何研究，如何评价。但是，他没有把从孔夫子到孙中山间成千上万的人，每个人都作出总结来。我们也不能把每一个历史人物的总结都依靠毛主席去做，我们坐享其成，这是不可能的；这是历史学家自己的任务。对一个人要作出总结就很困难吧。大家在解放以来经过很多次运动，很多同志都曾经作过总结，对于一个人要作总结尚且不是件简单的事情，我们要对成千上万的人作总结，如果没有理论能行吗？很多重要的历史事件、历史人物，现在没有作出正确的说明，都需要我们学历史的人来进行研究，来作总结。没有理论，就不能开步走。马克思讲，学自然科学的人，可以用显微镜看微生物、看细菌，也可以用化学反应药来识别。学历史的人，用显微镜不行，用化学反应药也不行。你把“秦始皇”这三个字放到显微镜底下看，那也看不出他这个人究竟是个好人还是个坏人。所以，研究历史科学，还是必须学好理论。

学理论不是那么简单，不管在什么时候，都是很困难的。孔夫子的学生就觉得“夫子之文章可得而闻也。夫子之言性与天道不可得而闻也”。（《论语·公冶长》）文章可以学得到，讲性命的、讲天道的这些理论就不容易学到。理论的学习是比较困难的。

现在忽视理论学习的有这么三种情况：第一种情况，就是觉得我只要掌握了丰富的资料，不学理论，也可以成为历史学家。这很危险，恐怕至多只能做资料工作，不能做历史学家。退一步说，就是收集资料也要理论的指导。什么资料是重要的，什么资料是次要的；什么资料是典型的，什么资料是非典型的；什么资料是真的，什么资料是假的，这也要理论的指导。所以不学会理论，连资料工作也做不好。学好了马克思主义，任何地方都可以找到资料，而且那些真有用的资料就会在你的眼睛里边凸出来；那些次要的资料就会回避了。研究历史，一定要学好理论，从收集资料、研究资料到写成文章、写成书，都要资料，都要理论。没有正确的理论，只是史料的堆砌，怎能成为历史学家？当然，只学理论，没有历史知识，没有资料，只放空炮，那也不行。我们马克思列宁主义者从来没有说过搞历史不要资料，我们是说要重视史实；要掌握大量资料；但是，我们说，更要重视理论。在理论的指导下分析研究资料，从而得出符合历史实际的结论来。

第二种情况，就是有些同志学习马克思主义学到一定程度就再也学不进去了，觉得这个东西难学；但是也懂得一些。凡是讲阶级关系，骂地主一顿就行了，以为这就是站稳了立场；讲到民族关系，骂汉族一顿就行了，以为这就会不犯大汉族主义了；讲到国际关系，作一点自我检讨就行了，因为中国古代的某些统治者曾把军队越过了今天中国的疆界。这是把马克思主义简单化。我曾经讲过，我们的马克思主义没有学好。一直到前年我写那篇《对处理若干历史问题的初步意见》，又说过：我们很多同志连主要矛盾和基本矛盾都没有搞清楚，好像历史上任何时候的主要矛盾都是基本矛盾。但是，主要矛盾不完全是基本矛盾，有些时候是统治阶级内部的矛盾；有些时候，民族矛盾也会成为主要矛盾。主要矛盾可以是基本矛盾，也可以不是基本矛盾。对基本矛盾同主要矛盾，有些同志没有搞清楚。好像讲这一段历史，要不讲历史的主要矛盾是农民和地主的矛盾，就丧失了立场，认为必须如此讲；纵然情况不是如此，也要这样讲。这就是简单化。

还有第三种情况，就是有些同志满足于自己现在所学到的一些理论，认为自己学得差不多，可以不必再学了。现在是万事俱备，只欠东风，只要找一点资料，那就可以成为最好的史学家了。这样的同志也是非常危险的。最近北京大学召开的一次党代表大会上，我有一个发言。我说，我看我们对马克思主义没有学好，包括共产党员在内，也没有学好，社会发展史都没有学好。如果有人要是说我这话讲得不对，我说我们可以举行一个测验，或者举行一个考试，出几个题来考一下：何谓奴隶制度？何谓封建制度？何谓资本主义社会？它必须要具备一些什么条件？没有这些条件它就不能称为奴隶社会，不能称为封建社会，不能称为资本主义社会。怎么样叫做“资本主义萌芽”？必须具备哪些条件才叫“萌芽”？只出一个题，请大家来答一下，我自己就不能及格。你们可能比我学得好一些，我看也很难得五分。的的确确，现在大学里面应该再好好地学习一下社会发展史。连社会发展的轮廓都没有搞清楚就去讲资本主义萌芽，参加资本主义萌芽的争论，我觉得是很危险的。这说明了我们的理论很差，并没有学好。

我们没有学好，表现在哪些地方？表现的地方很多。我为了检查《中国史纲要》的编写，写了几条要求，大家说这个要求太严格。我说这个要求我自己也办不到；但是，严格一点好。我们现在最大的毛病是把历史弄得公式化、概念化、表面化、简单化、片面化、现代化。我们要反对公式化，反对概念化，反对表面化，反对简单化，反对片面化，反对现代化。不要公式化，要条理分明，脉络贯通，能够画出历史的轮廓，能够显示出历史发展的倾向；不要概念化，要把历史问题提高到理论的深度和原则的高度；不要表面化，要通过历史的现象，揭示出那些隐蔽在历史背后的本质，不能从本质上来谈本质，要从现象中发掘出本质来；不要简单化，不要繁琐，不要堆砌，要能扼要地把历史发展的过程和典章制度的具体内容写出来；不要片面化，要能分辨清楚主要、次要，有所侧重，既不片面的夸张，又要重点突出。还有现代化的问题，写历史剧的同志常常有这个问题。既不要现代化，又要为政治服务，这个行不行呢？是不是我们一为政治服务，就把历史上的古人古事都扯到现代来，我看没有这个必要。现在很多的历史剧，都有现代化的倾向，总是正面人物不像共产党员就像青年团员，甚至比共产党员、青年团员还要正确。因为共产党员、青年团员还要犯错误，而戏剧里面的正面人物是从来没有错误的。哪怕他是汉朝的也好，唐朝的也好，宋朝的也好，明朝的也好，都比现在的共产党员、青年团员正确；而且他的阶级意识，比现在的无产阶级还要鲜明。现在的戏剧，有些就是这样。这些同志的动机很好，应该肯定。他就想要通过这些戏剧来给观众一种阶级教育。但是，他忘记了一件事情，列宁讲过一句话，我们研究任何历史问题，都要把这个问题放在一定的历史范围以内。这是马克思主义最基本的要求。离开了历史主义，就不是马克思主义。写历史也好，讲历史也好，写文章也好，写书也好，教书也好，写戏也好，是不是要贯彻当前党和国家的重要政策的精神呢？当然要贯彻。但是历史首先是科学性，第二就是革命性。科学性和革命性能不能统一呢？有些同志说不能统一，如果要讲革命就不能讲科学；如果讲科学就不能讲革命。我看，这个说法不对。我认为完全可以统一，就看你怎么样去统一。有一个时期，有很多教师同志要把今天的政策贯彻到古代历史里去。我们党提出一个什么口号、什么号召，就把这个口号、这个号召塞到古代史里去；提出一种什么政策，也就把这种政策塞到古代史里面去。好像古代的人就提出过这个口号、这种政策，就实行过这个口号、这种政策。我觉得这种办法太现实主义了，这简直是强迫封建皇帝来接受共产党的政策！那是不可能的。有人说，评论历史人物要照毛主席讲的六条标准。你说那行不行？那样，历史上的人物都是坏蛋？没有一个好东西。他哪里能够拥护社会主义、共产主义呀？秦始皇、汉武帝都不拥护呀！至于讲到历史上的国际关系问题，都要求照万隆精神，这哪里行呀？万隆精神是今天提出来的。讲到少数民族，自古以来就是民族大家庭；那么共产党的民族政策，对于这些少数民族就没有任何意义了。在阶级社会是个民族牢狱，共产党来了才变成民族大家庭。

理论没有学好，最主要的表现就是理论和实际、观点和材料不能统一。讲书的时候，先讲一堆史料，然后讲理论。或者先引几句马克思、恩格斯、列宁、斯大林、毛主席的话，做一个帽子，再拿一大堆史料来解释这些话，也不管这些话同材料能不能套得上，反正就是这样。还有人把理论变成历史学的标签，变成历史学的花边，变成资料的花边。马克思讲了一句最形象的话。他说，你要找一个雕刻家或画家的思想，一定要从颜色和大理石中间去找，不是从它的外面去找。一个画家为什么要用这个颜色去画画，这是他的思想。画家的思想就表现在这个颜色里面。你离开了颜色，离开了这张画，到哪里去找画家的思想呢？

雕刻家雕出来这块大理石，他的思想就凝固在这块大理石里面；离开了大理石的雕刻，你去哪里找雕刻家的思想呢？为什么过去的雕刻家不雕刻劳动人民，现在的雕刻家要雕刻劳动人民？为什么过去的画家不画农民，现在的画家要画农民？这与雕刻家、画家的思想有关系。戏剧家的思想要在他的剧本里面去找。他为什么要写这个人，要写这些题材，而不写那些题材？又为什么把这个历史人物搬到舞台上，而不把另外的历史人物搬到舞台上？这就是他的思想。一个历史家，你为什么对这个人是这样的看法而不是那样的看法？对这件事是这样的看法而不是那样的看法？这就是你的思想。要在你叙述这件事、这个人的过程中间去理解你的思想。你的思想要摆在历史的叙述当中，而不要摆在叙述的外边。不要讲完了一大堆材料以后，再引用几句马克思的话；或者先引几句马克思、恩格斯、毛主席的话，然后再把自己的话、把材料摆出来。这样材料是材料，理论是理论，材料与观点分家，而不是材料和观点统一。要做到这一点，是非常困难的。这要有高度的马克思列宁主义的修养。

政策同理论要统一，并不是说要我们把今天的政策塞到古代历史里面去。我们共产党的政策是根据马克思列宁主义制定出来的，如果共产党的政策违背了马克思列宁主义，那就要犯错误。但是，它还要根据国家和民族的革命的现实、当时的条件、民族的特点等等具体的东西，同马克思列宁主义原则结合起来制定的。理论是带有普遍性的，政策是带有具体性的。理论是放之四海而皆准的，只要是社会主义国家，就应该信奉马克思列宁主义。但是同样的社会主义国家，政策可以不同。政策是有地点、时间的限制。在古代，一个时代有一个时代的政策，一个王朝有一个王朝的政策。同一个王朝，前一个皇帝和后一个皇帝可以有不同的政策；同一个皇帝，他前一段和后一段也可以有不同的政策。比如说汉朝，在汉武帝以前的民族政策是“和亲”政策，就是同匈奴人“和亲”。到了汉武帝时候，变成了战争政策，同匈奴人打了一百年的仗。到汉元帝的时候，又回到了“和亲”政策，因此，我们恭维王昭君。王昭君出塞是在公元前33年。她作为一个和平使者到匈奴去，匈奴人最喜欢她。我前年到内蒙古，到处都见有王昭君的坟墓，每一个人都希望王昭君埋在自己的家乡。直到现在，内蒙古的人民还都很喜欢她。这说明了西汉的民族政策也是有时间性的。我们不能强迫前一个皇帝来接受后一个皇帝的政策，也不能强迫前一个王朝来接受后一个王朝的政策，更不能强迫一个奴隶社会的王朝来接受封建王朝的政策，也不能强迫一个封建王朝来接受共产党的政策。因此，我们不能把现在的政策塞到古代历史里面去。用这样的办法古为今用，用这样的办法让历史为政策服务，就帮了倒忙。我们要真正做到让历史科学为社会主义建设服务，那就不是仅仅用某几个历史人物来服务，也不是用某几桩历史事件来服务，而是要从历史上总结劳动人民生产斗争的经验、阶级斗争的经验，或历史发展的规律性，用这样的经验和历史的规律性或历史的倾向性来为政治服务。例如，我们能够指出，历史一定要使整个世界走向社会主义社会，中国的历史证明了这件事，其他国家的历史也能证明这件事。我们就是这样通过历史研究，宣传资本主义灭亡的必然性，宣传社会主义社会、共产主义社会出现、成功、胜利的必然性。历史上好的经验我们就加以发展，坏的经验就引以为戒，不要重复。用这样的方法为政治服务，这才是真正的服务。现在有很多戏剧家写越王勾践卧薪尝胆，我就有个不同的看法。卧薪尝胆可以为政治服务，我们现在要刻苦耐劳，建设社会主义。但是，不能因此就把越王勾践说成一个那样了不起的英雄。越王勾践是不是个英雄？越王勾践把吴国灭了，是不是为了一个新的原则而战？我看他是打起一个复仇的旗帜，并不是为着一个新的原则而战。何况他还曾带着他的王后，带着他的大臣，带着他整个的国家，奴颜婢膝地接受吴国的屈辱。这种帝王我们也要跟他学呀？越王勾践有些地方可以学，他的刻苦耐劳可以学。但不能因为他刻苦耐劳，他那个奴颜婢膝也变成好的了；当然也不能因为他奴颜婢膝去接受屈辱，他的刻苦耐劳都变成坏的。这个还是要分别来讲。我觉得不要把一个历史人物绝对化了，一好就全好，一坏就全坏。当然写戏一定要有正面人物，还要有个反面人物。那么就必须尽量地把正面人物写得好一些，也必须尽量地把反面人物说得丑一些，就是要典型化。戏剧上是允许艺术夸张的。但是，夸张也要有个限度，夸张到什么程度，就再不要向前进了，应当研究。

二　关于基本知识问题

基本知识包括掌握基本的资料。资料重要不重要？很重要。学历史如果不掌握资料，光有理论，那是不行的。唐朝的史学家刘知几讲过，历史家有三长：才、学、识。没有资料光有理论，从理论到理论，从抽象到抽象，从概念到概念，从结论到结论，那是讲空话。恩格斯讲，专靠几句空话是解决不了什么问题的，一定要掌握资料。我们要反对轻视资料。有一个时期，有这么一个提法：史料即史学。史料就等于历史，这是错的。研究历史要有史料，但是史料不等于历史。如同盖房子要有砖瓦，但是砖瓦不等于房子；做衣服要有布帛，但是布帛不等于衣服。把砖瓦变成房子，把布帛变成衣服，把史料变成历史，要经过加工制造的过程。我们找材料，只是历史研究的准备工作；

但是，这是一个必要的准备工作。正像盖房子必须准备砖瓦，做衣服必须准备布帛。哪怕你是个最好的工程师，要是没有砖瓦，怎么盖起房子来呢？最好的裁缝，没有布帛，怎么做出衣服来呢？最好的历史家，没有资料，怎么能写出历史来呢？所以资料是重要的。但是必须声明：史料不等于历史。我们有一个时候反对把史料当作历史，有些同志反得过火了，连史料本身也反对了，这是错误的。史料不能反对。当时好像这样讲：谁要搞史料那就是资产阶级思想。把史料和资产阶级思想画一个等号，这太恭维资产阶级了。史料不是资产阶级的专利品，任何阶级研究历史都要有史料。封建社会史学家司马迁、司马光没有掌握史料，他就写不出《史记》、《资治通鉴》来。司马光不是写完了《资治通鉴》还剩下几大房子的史料吗？资产阶级史学家既掌握史料，无产阶级史学家更要掌握史料；而且真正忠实于历史资料的是无产阶级。资产阶级史学家歪曲历史，为了辩护他们的阶级统治，甚至于歪曲史料，捏造史料。如果说史料就等于资产阶级思想，那岂不是说，只有资产阶级研究历史才是有凭有据的，而无产阶级研究历史，反而是信口开河，随便乱讲？这个说法不好，必须改正。我们要有历史资料，但反对把史料当成历史。我们在史料的问题上，同资产阶级有没有区别？有区别。区别在什么地方？不是谁占有史料的问题，而是用什么观点，站在什么立场，用什么方法来研究史料的问题。资产阶级的史学家是站在资产阶级的立场，用唯心论的观点和形而上学的方法来对待史料。无产阶级的史学家是用无产阶级的观点和无产阶级的立场，辩证唯物主义和历史唯物主义的方法来对待史料。除此以外，在史料问题上，我们同资产阶级没有别的区别。他要这个史料，我们也要，甚至所用的史料是一样的。我们的古代史料，都是封建地主阶级留下来的，过去哪里有无产阶级的史料？因此，什么时候留下来的史料，什么阶级留下来的史料，它是用什么阶级观点写的，这没有关系。大家都知道，马克思写《资本论》，用了一千五百多种资料，没有一种是马克思主义的，在他以前哪里有马克思主义呀？都是资产阶级的、封建的。但是，马克思就用封建的资料、资产阶级的资料，写出了《资本论》，建立了马克思主义。这证明了史料的阶级性没有危险。史学家自己的阶级立场不稳，才易发生危险。危险不在于史料本身的阶级性，而是在于史学家自己的阶级立场。资料掌握得越多越好。毛主席讲过，列宁也讲过，马克思也讲过。对一个人物的评论也好，对一个历史事件的评论也好，能够多掌握些资料，做出来的结论的准确性就大一些；少掌握资料，做出来的结论就比较有点危险性。从收集资料到掌握资料，不是一件事情；收集了资料不等于掌握了资料。首先要知道研究哪个问题，到哪里去找资料。

因此我们现在年纪大些的同志，应该要给同学们引路，最好把研究某一些问题要用的参考书给他们开出一个书目来。他现在没有时间看，毕业以后可以去看。找到这些书以后，有哪些资料要抄下来，哪些可以不抄下来；哪些是重要的，哪些是不重要的；哪些是假的，哪些是别人加进去的，这又是问题。辨别了资料的真伪，辨别了资料的重要不重要以后，工作还没有完结，还要把资料写成历史，那你就必须要把整个的资料在你的头脑中间完全溶解，变成自己的，那才叫占有资料。否则你就没有占有，只是从书里抄到你的笔记本子上，资料移动了位置而已。占有了资料，你是不是就掌握了呢？没有掌握。可见从找资料，到占有资料，到掌握资料，是一个过程。学理论也是一样的。第一要记得，第二要懂得，第三要会用。记得不等于懂得，懂得不等于会用。马克思的话，毛主席的话，背得不一定都懂，懂得不一定都会运用。从学理论来讲，从记得到懂得，从懂得到会运用，这又是一个过程。我们现在讲史论结合，如果理论没有学好，资料又没有，那你拿什么东西同什么东西结合呢？不能拿一个零同另外一个零来结合，零加零还是等于零。所以首先要有史料，要有理论，然后才能谈到史料和理论的结合问题。

历史学有理论的问题，有政策的问题。要懂得理论，也要懂得政策，然后才能谈政策和理论的关系问题。

我们现在审查教材，第一是资料的审查。资料对了，就有进一步审查的基础；资料如果错了，那就一切都错了。你根据错误的资料得出的结论，必定是错误的结论。因此我说第一步是要严加审查资料。第二，资料对了，根据你的这些资料，能不能得出这个结论来，这是理论的审查。根据这个材料，可以得出这样的结论，也可以得出另外的结论。到底你现在的这个结论对不对？要审查理论。第三，资料、理论都对了，但是你的这个说法现在暂时不说为佳。因为如果说了，可能引起民族之间的误解，引起国际之间的误解。这是政策的审查。第四，文字的审查。有的文章，写得很长，废话很多，我是反对的。我自己有时候也写长文章。但是我思想上总是不想把它写长。文章不是愈长愈好，书也不是越厚越好，而是要解决问题。所以，写文章也好，写书也好，自己多看几遍，看有没有废话。有就删掉，需要加进去的话就加上。

三　关于基本技能问题

基本技能，最重要的是会不会写文章。现在很多年轻的同学，文章写得很好；也有些同学，还没有学会写文章，或者写得不好。中国古代是文史不分，史学家就是文学家；现在的同学也要练习怎样写文章。基本技能还包括查字典、查辞典、看地图、制年表这些东西。我们北京大学的学生，一入学就给他们讲这个问题：你怎样到图书馆去借书，怎样查四角号码，怎样查年表，怎样查地图，等等。如果是学考古的，还要学会照相，学会绘图，学会测量。基本技能我们过去注意不够。学历史的人，还要学外国文。外国文懂得愈多愈好。当然时间有限，四五年纵然学不了太多，还是要学。恩格斯对学外国文是非常认真的。他为了研究一个东方的问题，学波斯文。他就是为了研究什么问题，而专门去学那种文字。现在外国史学家研究我国历史的很多，有些人歪曲我国的历史。因此，现在的历史科学有国内的战线，还有国际的战线。我们不懂得外国文，那就没有办法，而且懂少了都不行。我曾经参加过两次外国的汉学家会议，我到荷兰去过一次，到巴黎去过一次。有几百位外国教授，有的反对马克思主义。我们在那里就要和他们进行争论。因为他们的报告有德文的，有法文的，有英文的，又有意大利文的。我们晚上不能睡觉，要翻译。有的外文我也不懂，就去找外国的共产党员同志帮我们翻译。译好了，第二天才好回答他们。这还不行，在开会的时候，他离开讲稿，给你提出问题来。有一个人就提出这样的问题，说你们中国人就不懂写人物的传记，因为你要写传记的时候，你不会写蒋介石，不会写胡适之（胡适）。他是法国人。我等他讲完了（他临时提出来的，他的讲稿上没有），我说你是法国的一位宋史专家，我看你没有读过《宋史》。因为《宋史》上写了岳飞，也写了秦桧。我们写好人，也写坏人；怎么会放过蒋介石和胡适之呀！一定会写，请你放心。我说，要讲到传记的历史，中国数第一。你能讲出哪一个国家有中国这样完备的传记体裁？法国有没有？没有吧？他没有话说了。

我上面讲的这三个问题，就是基本理论、基本知识、基本技能，这是最近我们党提出的几个要求。我们要根据这几条来检查自己的教学计划，是不是贯彻了这三个基本的要求，是不是给了同学们基本理论、基本知识、基本技能。也可以用这三条来检查一下自己的讲稿。当然，要求百分之百地贯彻也很困难。在世界上，百分之百的事是很少的，只是看贯彻了若干吧。总之，贯彻得愈多一些就愈好一些。这三个问题中间最重要的，还是基本理论。如果你没有基本理论，只掌握了一些资料，掌握了一些技能，那你还不是一个无产阶级的史学家。我们现在并不培养书呆子，我们要培养的是历史科学战线上的战士，为无产阶级事业而战斗，为社会主义社会而战斗！

（1963 年 3 月 29 日在广西师范学院所作报告《关于历史教学和研究的几个问题》第二部分，张传玺整理）

略论中国文献学上的史料

我很早就想写一篇关于史料的论文，但总是没有着笔。月前复旦大学文学院约我作一次学术讲演，我就讲《史料与历史科学》这个问题。惟讲演时，为时间所限，不能作较详之发挥。近因书店之约，要我写一本关于史料学方面的小册子，我就开始把这次的讲演稿加以整理，计有三篇：一、中国文献学上的史料；二、中国考古学上的史料；三、与收集整理史料有关的各种学问。现在我还只写成《中国文献学上的史料》一篇；其余两篇，假如我的生活不发生变动，也想继续写出来。

伯赞

一九四五年八月二日

一　导言

中国文献学上的史料，真是浩如烟海，学者往往穷毕生之力，而莫测涯际。即以一部廿四史而论，就有三千二百四十二卷，其卷帙之浩繁，已足令人望洋兴叹。而况廿四史尚不过是史部[1]诸史中之所谓正史。在史部中，除正史以外，尚有编年史、纪事本末、别史、杂史、实录、典制、方志、谱牒及笔记等，其数量更百倍千倍于所谓正史[2]。

又何况用历史学的眼光看，不仅史部诸书才是史料，一切史部以外的文献，都含有史料。章实斋曰："六经皆史"，此说甚是；但仍不足以概括史料的范围。我们若更广义地说，则何止"六经皆史"，"诸子亦史"，"诸诗集、文集、词选、曲录、传奇、小说亦史"，乃至政府档案、私人

---

① 文字的记录，始于记事。故中国古代，文、史不分，举凡一切文字的记录，皆可称之曰史。直至汉代，尚无史部之别，刘歆《七略》、班固《汉书·艺文志》，虽将富于史实记录之文献，并入《春秋》之属，但并未独立。史部诸书从文献中分别出来而为一个独立部门，始于晋代。晋荀勖撰《中经新簿》，始分中国文献为甲、乙、丙、丁四部，而史为丙部。至李充撰《四部书目》，重分四部，经为甲部，史为乙部，子为丙部，诗赋为丁部，而中国的文献遂别为经、史、子、集四部。以后历代因之，至于今日。

② 诸史《经籍志》或《艺文志》，对于史部分类，各不相同。少者分十类，多者分十六类。而其最初的范本，则为阮孝绪《七录》，阮《录》分史部为十二类，即国史、注历、旧事、职官、仪典、法制、伪史、杂传、鬼神、土地、谱状、簿录，是为史部最初之分类。《隋志》因之，分为十三类，曰正史、古史、杂史、霸史、起居注、旧事、职官、仪注、刑法、杂传、地理、谱系、簿录。《旧唐书·经籍志》、《新唐书·艺文志》皆分十三类，其目相同，曰正史、编年、伪史、杂史、起居注、故事、职官、杂传、仪注、刑法、目录、谱牒、地理。《宋史·艺文志》亦分为十三类，曰正史、编年、别史、史钞、故事、职官、传记、仪注、刑法、目录、谱牒、地理、霸史。《明史·艺文志》则分十类，曰正史、杂史、史钞、故事、职官、仪注、刑法、传记、地理、谱牒。清《四库全书总目》则增为十六类，曰正史、编年、纪事本末、别史、杂史、诏令、奏议、传记、史钞、载记、时令、地理、职官、政书、目录、史评。此外尚有许多别录，其分类有多至三十七类者，不及备举。

信札、碑铭、墓志、道书、佛典、契约账簿、杂志报纸、传单广告以及一切文字的记录，无一不是史料。若并此等史料而合计之，其数量又百倍千倍于史部的文献。

从这里，我们可以看出，中国文献学上的史料之丰富，正如一座无尽的矿山，其中蕴藏着不可以数计的宝物。这座“史料的矿山”，在过去，虽曾有不少的人开采过，但都是用的手工业方法，器械不利，发掘不深，因而并没有触到史料之主要的矿脉。例如史部以外之群书上的史料，特别是历代以来文艺作品中的史料，并没有系统地发掘出来，应用于历史的说明。至于四部以外的文字记录，则更不曾把他们当作史料而引用。

但是，就史料的价值而论，则史部以外之群书上的史料，其可靠性高于史部诸史上的史料。因为史部诸史，是有意当作史料而写的，其写作的动机，则抱着一种主观的目的。例如对某一史实或人物执行褒贬，所谓“春秋书法”(通称“春秋笔法”。——编者注)。就是主观意识之发挥。这种主观意识之渗入，当然要使史实受到程度不同的歪曲，乃至涂改，以致减少了史料的真实性①。至于史部以外的群书，则并非有意为了保存某种史料而写的，而是无意中保

---

① 例如《左传》宣公二年载赵穿攻杀晋灵公于桃园。当时晋国的太史董狐，在晋史上记载此事，不曰“赵穿弑其君”，而曰“赵盾弑其君”。赵盾提出质问，董狐曰：“子身为正卿，亡不出境，反不讨贼，非子而谁？”

留了或反映出若干的史料，这样无意中保留着或反映出的史实，当然要比较真切。固然，在史部以外的群书中，其行文记事，也夹杂着主观的意识，特别是各种文艺作品，如诗词、歌赋、小说之类，甚至还具有比史部诸书更多的主观意识。但是，在这一类书籍中所表现的主观意识之本身，就是客观现实之反映；因而他不但不破坏史料的真实，反而可以从侧面反映出更真实的史料。

再就史部诸书而论，则正史上的史料，较之正史以外之诸史，如别史、杂史等中的史料，其可靠性更少。其中原因甚多，而最主要的原因，则因为所谓正史，都是官撰的史书。中国之设史官，由来已久①。但自东汉以前，史书撰著，皆出自一家。如司马迁之著《史记》、班固之著《汉书》，虽以史官而著史，尚属一家之言。自东汉开东观，大集群儒，遂开集体官撰之始。自唐以降，历代政府，皆设置史馆，派贵臣为监修；史官记注，皆取禀监修，始能着笔。自是以后，修史者在政治的限制之下，完全丧失了记

① 中国自有文字以来，即有专司史实记录之人。殷契、周金之镂刻，皆非具有专门技术之人才不可。自春秋以至战国，各国皆有史官。如赵鞅，不过晋之一大夫，而有直臣书过，操简笔于门下。田文，不过齐之一公子，而每坐对宾客，侍史记于屏风。至若秦、赵二主，会盟渑池，各命其御史书某年某月，鼓瑟击缶。《左传》昭公二年，谓晋韩宣子来聘，观书于太史氏，是鲁亦有史官。至秦有天下，太史令胡母敬，作《博学章》，是秦亦有史官。汉兴，武帝又置太史令，以司马谈及其子迁为之，以后历代皆置史官。

录史实的自由。而所谓正史，几乎都是历代政府监督之下写成的，至少也是经过政府的审查，认为合法的。虽然大部分正史，都是后代编前代之事，但其资为根据的史料，则系前代的实录及官书，此种实录及官书，皆成于当代人之手。以当代之人，记录当代之事，当然不允许暴露当时社会的黑暗，特别是统治阶级的罪恶，否则就要遇到危险。如孙盛《实录》，取嫉权门；王韶直书，见仇贵族；而吴之韦曜、魏之崔浩，且以触犯时讳而丧失生命。所以历代史官，大抵变乱是非，曲笔阿时。见皇帝则曰“神圣”，见反对皇帝者则曰“盗贼”，简直变成了统治阶级的记功录。像这样专捧统治阶级而以人民为敌的历史，当然不可信。至于正史以外之别史、杂史等，则系私家著述，这一类的著述，并不向政府送审，他能尽量地写出所见所闻，所以较为真实。

总之，就史料的价值而论，正史不如正史以外之诸史，正史以外之诸史，又不如史部以外之群书。为了要使中国的历史获得更具体更正确之说明，我们就必须从中国的文献中，进行史料之广泛地搜求，从正史中，从正史以外之诸史中，从史部以外之群书中，去发掘史料，提炼史料。只有掌握了更丰富的史料，才能使中国的历史，在史料的总和中，显出它的大势；在史料的分析中，显出它的细节；在史料的升华中，显出它的发展法则。

二　正史

首先说到廿四史，即中国史部群书中之所谓正史。

这部书，既非成于一时，更非出于一人之手，而是历代积累起来的一部官史。其中成于汉者二，司马迁《史记》、班固《汉书》是也。成于晋者一，陈寿《三国志》是也。成于南北朝者四，宋范晔《后汉书》、梁沈约《宋书》、梁萧子显《南齐书》、北齐魏收《魏书》是也。成于唐者八，房玄龄《晋书》，姚思廉《梁书》、《陈书》，李百药《北齐书》，令狐德棻《周书》，魏征《隋书》，李延寿《南史》、《北史》是也。成于五代者一，后晋刘昫《旧唐书》是也。成于宋者三，薛居正《旧五代史》、欧阳修《新唐书》、《新五代史》是也。成于元者三，脱脱《宋史》、《辽史》、《金史》是也。成于明者一，宋濂《元史》是也。成于清者一，张廷玉《明史》是也。

以成书的年代而论，大抵皆系后代撰前代之史。但其中亦有例外，如刘宋撰《后汉书》、唐撰《晋书》，则朝代隔越。特别是司马迁的《史记》上溯殷周，远至传说时代之五帝，更系以后代之人而追溯远古。

即因这部书是历史积累起来的，所以在唐代只有三史，即《史记》、《汉书》、《三国志》，而成于南北朝的诸史，尚未列入正史。到宋代，始将宋及其以前所成的诸史列于正史，合为十七史，而《旧唐书》、《旧五代史》，尚不在正史之内。至于明，又加入宋、辽、金、元四史，而有廿一史。到清代，再加入《明史》及《旧唐书》、《旧五代史》，始足成今日之所谓廿四史。晚近又以柯劭忞《新元史》列入正史，增为廿五史。他日再加入《清史》，就有廿六史了。

廿四史，中国历来皆称为正史。但在我看来，与其称之曰史，不如称之曰“史料集成”。

第一，以体裁而论，虽皆为纪传体，而且其中最大多数皆系纪传体的断代史，但其中亦有纪传体的通史。如司马迁的《史记》，则上起五帝，下迄汉武；李延寿的《南史》，则系宋、齐、梁、陈四朝的通史；《北史》，则系北魏、北齐、北周、隋代四朝的通史。通史与断代史杂凑，以致体裁不一。

第二，即以纪传体而论，亦不尽合于规律。所谓纪传体，即以本纪、世家、列传、书志、年表合而成书。但《三国志》、《梁书》、《陈书》、《北齐书》、《周书》、《南史》、《北史》皆无书志，《隋书》本亦无志，今志乃合梁、陈、齐、周、隋并撰者。而《后汉书》、《三国志》、《宋书》、《南齐书》、《梁书》、《陈书》、《魏书》、《北齐书》、《周书》、《隋书》、《南史》、《北史》、《旧唐书》、新旧

《五代史》，皆无表。

第三，以史实的系列而论，则重复互见。其中有全部重复者，如《南史》之于宋、齐、梁、陈书，《北史》之于魏、齐、周、隋书，《新唐书》之于《旧唐书》，《新五代史》之于《旧五代史》是也。亦有局部重复者，如《汉书》记汉武以前的史实，完全抄录《史记》原文是也。又如于朝代交替之间的史实，前史已书，而后史必录。如东汉末群雄，《后汉书》有列传，《三国志》亦有列传。司马懿、司马师、司马昭之事迹，已见于《魏志》，而《晋书》又重为之记。此外，当割据或偏安之际，同时并世的诸王朝，各有史书，而同一史实既见此史，又出彼史。如宋、齐、梁、陈书之于魏、北齐、周、隋书，《南史》之于《北史》，《宋史》之于辽、金、元史，其中重出互见之史实，不可胜举。至于论夷狄，则必追其本系，于是北貊起自淳维、南蛮出于槃瓠；高句丽以鳖桥复济，吐谷浑因马斗徙居等语。前史已载，后史再抄，重床叠被，千篇一律。因而以时间系列而论，亦未能前后紧密相含。

第四，因为廿四史都是用纪传体的方法写的，所谓纪传体，即以事系人的体裁。这种体裁用以保存史料，不失为方法之一。若用以写著历史，则记一史实，必至前后隔越，彼此错陈。因为一人不仅做一事，一事又非一人所做，若以事系人，势必将一个史实分列于与此事有关之诸人的传记中，这样，所有的史实都要被切为碎片。所以我们在廿四史中，只能看到许多孤立的历史人物，看不到人与人的联系。只能看到无数历史的碎片，看不到一个史实的发展过程。既无时间的系列，又无相互的关系。所以我说廿四史不能称为历史，只是一部史料的集成。

当作历史，则班马之书，亦不敢妄许。即当作史料，而廿四史中有一部分史料，也只能当作代数学上的 x。是否正确，尚有待于新史料的证明。其不可靠的原因，一般地说来，不外如次的几点：

第一，循环论的观点。这种观点，在《史记》中，已经彰明其义。《历书》曰："三王之正若循环，穷则反本。"《高祖本纪》太史公曰："三王之道若循环，终而复始。"《天官书》曰："夫天运，三十岁一小变，百年中变，五百载大变，三大变一纪，三纪而大备，此其大数也。为国者必贵三五，上下各千岁，然后天人之际续备。"又说天变则依五星周转，应于世变则为五行轮回。所谓五行者，即土、木、金、水、火，亦曰五德。中国的历史，就是三五往复，五德终始，循环古今。所以历代受命之君，必于五德中有其一德而王，如某也以土德王，某也以木德王等等。五行又配以五色，如苍、赤、黄、白、黑，故以某德王者，则必尚某色。如汉以火德王，色尚赤。像这一类循环论的说法，充满廿四史，并以此而演化为天命论。如历史家以秦之祖先为金德，色尚白，汉为火德，色尚赤，于是把汉高祖斩白蛇之事，附会为赤帝子斩白帝子。又如刘秀继西汉而王，其德不改，其色亦不改，故当其即位之际，有《赤伏符》自天而降。又如公孙述，他根据王莽的新五德系统（五行相生）以为土生金。（王莽自谓以土德王，色尚黄）刘秀继王莽之后，应为金德，金德王者色尚白，故自称白帝。这一类的鬼话，当然不可信。

第二，正统主义的立场。廿四史，是以帝王为中心的历史，帝王本纪，是全部历史的纲领。所以在任何时代，都必须要找到一个皇帝，而尊之曰“神圣”，替这个皇帝作本纪，替属于这个皇帝的贵族作世家，官僚、地主、商人作列传。任何人，不管他的理由如何，只要反对这个“神圣”，他就被指为叛逆，为盗贼。“神圣”可以反道败德，荒淫无耻，乃至杀人放火，史书上不过说他“略有逊德”，甚至美之曰“为民除暴”。反之，反对“神圣”的人民，如果杀了几个贪官污吏，史书上便大书特书，说他们不仅是杀人魔王，而且是吃人大王。但是他们有时也自相矛盾，即当他们找不到“神圣”的时候，则他们认为是盗贼、叛逆乃至夷狄，皆可以奉之为“神圣”。如朱温在《唐书》为盗贼，在《五代史》遂为“神圣”。燕王棣在同一《明史》，前为叛逆而后为“神圣”。北魏、北齐、北周之君，《南史》指为索虏，而《北史》则尊为“神圣”。五代之李存勖、石敬瑭、刘知远皆沙陀之裔，在《五代史》上皆尊为“神圣”。辽、金、元初诸帝，《宋史》称之曰贼、曰虏、曰寇，而在辽、金、元史中，则皆为某祖、某宗、某皇帝了。赵尔巽主编之《清史稿》，对于清朝诸帝，亦无不称为祖、宗，尊为神圣；对于太平天国，则曰发匪；对于帮助清朝屠杀中国人民的汉奸曾国藩，反而恭维备至。至于某一时代神圣太多，则于诸神圣中，择一神圣，而曰此乃正统之神圣，其余则指为僭伪。如《三国志》以魏为正统，而以吴、蜀为僭伪①；新旧《五代史》以梁、唐、晋、汉、周为正统，而以其余为僭伪②。像这样今日叛逆，明日帝王；今日盗贼，明日神圣；今日夷狄，明日祖宗，以及甲为正统、乙为僭伪的胡说，充满廿四史。而且由此而展开“成王败寇”的“书法”。如楚汉之际，项羽实曾分裂天下而王诸侯，但以结局失败，而史家遂谓司马迁不应列项羽于本纪。如西汉之末，刘玄实曾为更始皇帝，亦以结局失

① 关于三国的正伪，史家看法不同。在晋，则陈寿正魏，习凿齿正蜀；在宋，则司马光正魏，朱熹正蜀。陈寿生于西晋，司马光生于北宋，西晋与北宋，皆据中原，与魏相同，苟不以地望为据，则晋、宋为僭，故其所以正魏者，即所以正晋、正宋也。习凿齿生于东晋，朱熹生于南宋，东晋与南宋，皆偏安江左，若不以血统为据，则东晋、南宋为僭，故其所以正蜀者，亦所以正东晋、南宋也。

② 宋人之所以正梁、唐、晋、汉、周者，以宋之天下篡自周。由周而汉而晋而唐而梁，实为一篡夺系统。因正宋而遂不能不正周，因正周而遂不能不正周之所自出。由此上溯，以至于梁，遂上继唐代。故五代史之正梁、唐、晋、汉、周，亦所以正宋也。

败，而《后汉书》遂不列刘玄于本纪。此外，如李世民之与窦建德、王世充，朱元璋之与张士诚、陈友谅，清顺治之与李自成、张献忠，其相去实不可以寸计；徒以成败之故，而或为太祖、太宗，或为盗贼、流寇。按之史实，岂为正论？所以我以为读廿四史者，万勿为正统主义以及由此而演绎的“成王败寇”的“书法”所迷惑。我们应该从假神圣中去找真盗贼，从假盗贼中去找真神圣。

第三，大汉族主义的传统。“内诸夏而外夷狄”，是春秋以来发生的一种狭义的种族思想。这种思想，也充满了廿四史。一部廿四史，都是以大汉族为中心，对于国内其他诸种族的历史活动，或列于四夷列传，或完全没有记录，如《三国志》之《蜀志》、《吴志》，以及《陈书》、《北齐书》，皆无四夷列传。其有四夷列传者，记录亦极疏略，必其种族与中原王朝发生战争或重大交涉，始能一现。至于对各种族之渊源及其自己的发展，则无有系统之记载；有之，则不是把各种族拉扯为汉族的支裔，以图否定其种族，便是对其他种族加以侮辱。前者如谓匈奴为夏桀之后，朝鲜为箕子之裔；后者如谓北狄为犬羊之族，南蛮为虫豸之属。又如述汉族之侵略四国，则曰王化广被，声教远播；反之，若其他种族向中原发展，如匈奴只要越过长城，西羌只要转入甘肃，东胡只要西向辽东，南蛮只要走出崇山峻岭，便指为叛变，为入寇。又如汉族明明向外族献美女，纳岁贡，乃至称臣称侄，而美其名曰“怀柔”；反之，其他诸种族，明明是来至中原进行贸易，而必曰“四夷来王”。诸如此类的偏见不可胜举。假使真能坚持到底也好，但又不然，只要其他种族，一旦走进黄河流域或入主中国，如北魏、北齐、北周及辽、金、元等，则又歌德颂圣，充分表现其媚外求荣之奴性。当清顺治三年，议历代帝王祀典，而礼部上言，竟谓辽对宋曾纳贡，金对宋曾称侄，均应庙祀，骎骎乎几欲正辽、金而伪宋。其所以尊辽、金者，即所以逢迎清统治者。结果不但辽、金诸帝与宋朝诸帝并坐祭坛，而魏、元诸帝亦同享庙祀。这种入主出奴的心理，应用于历史的记录，必然要混淆事实。或曰：廿四史中，有《魏书》、《北齐书》、《周书》、《北史》、《辽史》、《金史》、《元史》，皆系记录少数民族或以少数民族为中心之史书，故廿四史，不能说是以汉族为中心。但是这些史书，虽不以汉族为中心，而仍以某一支配种族为中心，因而仍是狭义的种族主义。我们之所以反对大汉族主义，就是因为他是一种狭义的种族主义，它把汉族当做中国这块领域内的天生的支配种族，而敌视其邻人，以致使历史的中心偏向一个支配种族；而其他中国境内诸种族的历史，遂疏漏简略，歪曲不明。同样，以任何一个支配种族为中心的历史，都是大种族主义，其作用，同于大汉族主义。

第四，主观主义的思想。一部廿四史充满了主观主义的成分；而其主要的表现方式，则在每篇终末的评语之中。这种评语的命名各书不同，如《史记》则曰“太史公曰”，《汉书》则曰“赞”，《后汉书》则曰“论”，《三国志》则曰“评”，其他或曰议，或曰述，或曰史臣，或自称姓名，其名不一，其实皆史家发挥主观主义之地盘。此外，在史实叙述中，亦夹杂批判。更有一种，则系歪曲史实，以适应其主观的观念。只有这一种，最足以变乱史实的真相而又最难辨识。在廿四史中，我们可以看到任意褒贬之处，如《汉书》贬王莽。但我们读《王莽传》，观其行事，虽亦有奸伪可贬之处，而其托古改制，知道当时的政治非变不可，尚不失为一个开明的贵族。《宋书》、《南史》贬范晔，但我们读陈澧《读书杂志》中的《申范》篇，而后知范晔之被诬。《宋史》贬王安石，但我们读陆象山《王荆公祠记》、蔡元凤《王荆公年谱》、梁启超《王荆公传》，而后知王安石之被谤。诸如此类，不胜枚举。此外曲笔阿时，以取媚权贵者，更颠倒是非，任意屈伸。他若贪污者，则更无论矣。刘知几曰：“班固受金而始书，陈寿借米而方传。”① 班、陈尚如此，等而下之，当更有甚焉。

最后，便是政治的限制，忌讳多端。即因如此，对于皇帝的记录，特别是开国皇帝的记录，最不可信。例如刘

① 《史通·内篇·曲笔》。

邦本是一个好美姬、贪财货的流氓，而《史记·高祖本纪》谓其一入咸阳，便变成了“财货无所取，妇女无所幸”的圣人。汉成帝尝白衣袒帻，从私奴客，奸淫人民的妻女，而《汉书·成帝纪》谓其“临朝渊嘿，尊严若神”。曹髦之死，实司马昭派贾充刺杀，而《三国志·魏书》但书“高贵乡公卒”。苍梧王之死，实萧道成派杨玉夫刺杀，而《南齐书》但书“玉夫弑帝”。杨广实弑其父，而《隋书·炀帝纪》但书“高祖崩”。李世民实弑其兄，而《唐书·高祖纪》反书建成谋害其弟。赵光义实弑其兄，而《宋史》不书。燕王棣实逐其侄，而《明史》不罪。诸如此类，举不胜举。其他对于皇帝以及权贵之一切无耻的罪行，大抵皆因忌讳而不许记录；其间有记录者，则为万人皆知不可隐蔽之史实。这种忌讳，当然要变乱并湮没许多史实。不但如此，而且在忌讳的反面，又产生逢迎，如史书上替那些开国皇帝大半都制造一些神话。这些神话，完全是凭空扯谎，决不可信。

此外或因后人窜乱，真伪相杂，如《史记》自褚少孙始，窜乱者不下十余辈。或因根据不同，同一史实，而两书互异。如《史》、《汉》之于武帝以前的史实，《南史》与《宋书》、《齐书》、《梁书》、《陈书》之于南朝的史实，《北史》与《魏书》、《北齐书》、《周书》、《隋书》之于北朝的史实，《宋史》与《辽史》、《金史》之于同时的史实，多有歧异。或因仓卒成书，讹误不免，如沈约《宋书》纪、志、列传共一百卷，而撰书时间不过数月。元撰《宋史》、《辽史》、《金史》三史，不及三年，即告完成。明撰《元史》，六月成书。或因文字不通，随便照抄官书档案。如元撰《宋史》、《辽史》、《金史》，明撰《元史》，其中人名地名，译音不确，竟至一人化为二人，二人并为一人，其于地名亦然。他若由于撰史者的疏忽，以至同一书中，前后自相矛盾者，各史皆有。以是之故，所以我说廿四史上的史料，只能当作代数上的 x。

虽然，只要我们知道了它的毛病，廿四史中，还是有很多宝贵的史料，可以用于历史的说明。例如人皆谓《魏书》为秽史，但除去偏见，仍为史料。人皆谓《宋史》繁芜，但当作史料，则患其不繁。人皆谓《元史》猥杂，但其中所录官牍鄙俚一仍原文，更为实录。反之，如陈寿《三国志》字字锤炼，过求简净，若无裴松之的注解，史实几至不明。如欧阳修《新唐书》、《新五代史》，下笔行文，褒贬随之，同样是满纸偏见；而且由于过分模仿《春秋》，以至变乱史实。如《新唐书》本纪书“安史之乱”，必书逆首；但在事实上，有若干行动，并非逆首所为，而系逆党所为。故吾于《唐书》及《五代史》，宁取薛著之繁琐直叙，而不取欧著之总核简严。又如宇文氏本为少数民族，文字言语、生活习惯，异于汉族；以汉字记少数民族历史，已属隔靴搔痒；而《周书》又行文必《尚书》，出语必《左传》，则史实真相，一误于翻译，再误于文字玩弄，结果，必然走样。故吾于记录少数民族之史，宁取《元史》之猥杂存真，而不取《周书》之古雅失实。总之，当作史料看，则宁取其繁琐、存真、直叙，而不取其简括、典雅与褒贬之辞。明乎此，然后才能读廿四史，用廿四史。

三　正史以外的诸史

其次，说到正史以外的诸史。正史以外的诸史，种类繁多，如前所述，有编年史、纪事本末，及通典、通考等。这些书，或以事系年，通诸代而为史；或标事为题，列诸事以名篇；或以事为类，分部类以成书。他们在写作的方法上，都能自成一体；但在史料方面，则并不多于正史，而且大半皆由正史中网罗搜括而来。因此我们如果为寻找新的史料，以补充和订正正史，就必须求之于史流之杂著。

史流杂著，由来甚古，早在所谓正史出现之前，即已有之。如《山海经》、《世本》、《国语》、《国策》、《楚汉春秋》之类的古史，论其体裁，皆系杂史；论其著书之时代，皆在《史》、《汉》之前；且为《史》、《汉》之所取材。自汉、魏以降，此类著作，仍与所谓正史，殊途并骛，平行发展。南北朝初，已蔚为大观。仅就裴松之注《三国志》

所引之杂史，即有一百五十余种。至于宋代，由于印刷术的发明和应用，私家著作得以刊行，而史部杂著，亦日益繁富。降至明清，则此类著作，洋洋乎浩如烟海了。

史部杂著，种类甚多，体裁不一，要之，皆与正史有别。论其体裁，既不一律皆为纪传体；论其性质，亦不如《史记》、《南史》、《北史》通诸代而为史，又不如《汉书》、《后汉书》等断一代以成书，而皆系各自为体之随手的记录，故其为书，皆零碎断烂，非如正史之有系统。关于史部杂著，刘知几曾为之别为十类："一曰偏纪，二曰小录，三曰逸事，四曰琐言，五曰郡书，六曰家史，七曰别传，八曰杂记，九曰地理书，十曰都邑簿。"①这样的分类，虽过于琐碎，但却可以显出史部杂著的诸流别。徇此流别以观史部杂著，则纷乱一团之史部杂著，亦能类聚流别而形成其自己的系统。

刘知几所谓偏纪，即其书所记录的史实，并非始终一代；换言之，非断代的专史，只是记录某一朝代中的一个段落，或即当时耳闻目见之事。这种史实，或不见正史，或即见正史而记载并不详尽，于是有偏纪之作。刘知几曰："若陆贾《楚汉春秋》、乐资《山阳载记》（山阳公，即汉献帝禅魏后之封号）、王韶《晋安帝纪》、姚最《梁昭后

---

① 《史通・内篇・杂述》。

略》，此之谓偏纪者也。”[1] 这一类的著作，以后最为发展，或截录一时，或专记一事。前者如五代王仁裕之《开元天宝遗事》，宋李纲之《建炎时政记》、《靖康传信录》，明李逊之《三朝野记》、钱軹《甲申传信录》之类皆是。后者如宋曹勋《北狩见闻录》、蔡鞗《北狩行录》、洪皓《松漠纪闻》、辛弃疾《南渡录》、明归有光《备倭事略》、吴应箕《东林本末》、清吴伟业《复社记事》、王秀楚《扬州十日记》、朱子素《嘉定屠城纪略》、李秉信《庚子传信录》、王炳耀《中日甲午战辑》等，不可胜举。

小录所以记人物，但并不如正史总一代之人物而分别为之纪传，而是仅就作者自己所熟知的人物为之传记。小录上传记的人物，或不见正史，或即见正史而于其平生事迹不详，故有小录之作。刘知几曰：“若戴逵《竹林名士》、王粲《汉末英雄》、萧世诚（梁元帝）《怀旧志》、卢子行《知己传》，此之谓小录者也。”[2]这类著作，后来亦继有撰著，如明朱国桢《皇明逊国臣传》、张芹《建文忠节录》、黄佐《革朝遗臣录》、清陆心源《元祐党人传》、陈鼎《东林列传》、李清臣《东林同难录》、吴山嘉《复社姓氏传略》、彭孙贻《甲申以后亡臣表》等皆是也。

逸事记事亦记言，但不是重复正史，而是补正史之所

---

①②《史通·内篇·杂述》。

遗逸，故其所载之事或言，皆为正史所无。刘知几曰："若和峤《汲冢纪年》、葛洪《西京杂记》、顾协《瑣语》、谢绰《拾遗》，此之谓逸事者也。"① 这类著作，后来向三个方向发展：其一为辑逸，即从现存的文献中，搜集古书的逸文，辑而为书。其二为补逸，即根据其他书类增补史籍上的遗漏，或就原书注释另为史补一书。其三则为存逸，即作者预知此事，若不及时记录，后来必然湮没，故因其见闻而随时记录之。辑逸与补逸，其性质已属于逸史之收集与补充，惟存逸则属于逸史之创造。此种存逸之书，明、清之际最多，如明应喜臣《青燐屑》，史惇《恸余杂录》，无名氏《江南闻见录》、《天南逸史》，黄宗羲《海外恸哭记》，夏允彝《幸存录》，夏完淳《续幸存录》，清陈维安《海滨外史》，邹漪《明季遗闻》，罗谦《也是录》以及搜集于《荆驼逸史》及明季《稗史》中之各种野史，都可以列入逸史之类。

琐言所以记言，但并不如正史所载皆系堂皇的诏令章奏及君臣对话，而是小说卮言，街谈巷议，民间言语，流俗嘲谑。故其所记，亦系正史所无。刘知几曰："若刘义庆《世说》、裴荣期《语林》、孔思尚《语录》、阳松玠《谈薮》，此之谓琐言者也。"②此类著作，在宋代最为发达，如

①②《史通·内篇·杂述》。

周密《齐东野语》、《癸辛杂识》，朱彧《萍洲可谈》，张知甫《可书》，王辟之《渑水燕谈录》，刘绩《霏雪录》，洪迈《夷坚志》，曾敏行《独醒杂志》，张师正《倦游杂录》，无名氏《续墨客挥犀》皆是也。

郡书记人物，但不如正史所载，网罗全国；而仅录其乡贤，故其所录人物或不见正史，或即见正史而不详。刘知几曰："若圈称《陈留耆旧》、周斐《汝南先贤》、陈寿《益都耆旧》、虞预《会稽典录》，此之谓郡书者也。"① 此种著作，后来亦续有撰述，如宋张齐贤《洛阳搢绅旧闻记》、句廷庆《锦里耆旧传》，元刘一清《钱塘遗事》、王鹗《汝南遗事》等皆是也。但更后则发展为地方志，如省志、府志、县志之类，从史部中独立出来，成为方志之书。

家史记一家或一族之世系，但并不如正史上之世家，仅记贵族之世系；而是作者追溯其自己之家世，或任何不属于贵族者之谱系。刘知几曰："若扬雄《家谍》、殷敬《世传》、孙氏《谱记》、陆宗《系历》，此之谓家史者也。"②这种著作，渊源甚古，如司马迁作《三代世表》所根据之《五帝系谍》就是记录氏族世系之书。自魏、晋迄于六朝，学者多仿《史记》"世家"遗意，自为家传。齐、梁之间，日益发展，郡谱、州谍并有专书。《通志·氏族

---

①②《史通·内篇·杂述》。

略·序》曰："自隋唐而上，官有簿状，家有谱系。官之选举，必由于簿状；家之婚姻，必由于谱系。历代并有图谱局，置郎、令史以掌之，仍用博通古今之儒，知撰谱事。凡百官族姓之有家状者，则上之官，为考订详实，藏于秘阁，副在左户。若私书有滥，则纠之以官籍；官籍不及，则稽之以私书；此近古之制，以绳天下，使贵有常尊，贱有等威者也。所以人尚谱系之学，家藏谱系之书。"若晋之贾弼、王宏，齐之王俭，梁之王僧孺等，各有百家谱，又如刘宋何承天撰《姓苑》，后魏《河南宫氏志》，都是谱系之书。谱系之学，至于唐而极盛。唐太宗命诸儒撰《氏族志》一百卷，柳冲撰《大唐姓氏录》二百卷，路淳有《衣冠谱》，韦述有《开元谱》，柳芳有《永泰谱》，柳璨有《韵略》，张九龄有《麴林》，林宝有《姓纂》，邵思有《姓解》。自是以后，迄于今日，民间望族，大抵皆有其自己之谱牒。此外与族谱并行，尚有后人考证古人家系之书，如罗振玉《高昌麴氏年表》、《瓜沙曹氏年表》，以及许多个人的年表，不可胜举。这些，都是属于家史之类。

别传所以传人物，但并不如正史列传，仅录其大事，而是委曲细事，详其平生。亦不如小录，仅传其所熟知之人，而是认为其人有作别传之价值。也不如郡书，仅录其乡贤，而是就全部历史人物中，选择其别传之主人。一言以蔽之，别传是从全部历史人物中，选择一种在历史中占重要地位的人物，为之作专传。这种人物，或不见正史列传，或即见正史列传而不详，或已见于小录、郡书，或不见于小录、郡书。刘知几曰："若刘向《列女》、梁鸿《逸民》、赵采《忠臣》、徐广《孝子》，此之谓别传者也。"① 这种著作，在史部杂流中，也很发达。如唐郑处诲《明皇杂录》、李德裕《明皇十七事》、姚汝能《安禄山事迹》，宋王偁《张邦昌事略》、曹溶《刘豫事迹》，明杨学可《明氏（明玉珍）实录》、吴国伦《陈（友谅）张（士诚）事略》、王世德《崇祯遗录》、邵远平《建文帝后记》，清钱名世《吴耿尚孔四王合传》以及美人林白克《孙逸仙传记》等，皆属于别传之列。

杂记所以录鬼怪神仙，但并不如正史五行志专载征祥灾异，符瑞图谶，拉扯天变，附会人事；而是记录闾巷的异闻，民间的迷信。刘知几曰："若祖台《志怪》、干宝《搜神》、刘义庆《幽明》、刘敬叔《异苑》，此之谓杂记者也。"② 杂记之书，后亦续有撰著，然以事涉荒唐，不被重视，故作者较少，然亦常散见于各种笔记、野史之中。更后则发展为神怪小说如《封神》、《西游记》、《聊斋志异》之类。

地理书所以志地理，但并不如正史地理志（或郡国、郡县、州郡、地形、职方诸志）皆千篇一律，总述一代之

---

①②《史通·内篇·杂述》。

疆域、郡国、州县、人口、物产。而是有各种各样的体裁，其中有总述一代之疆域者。但其最大的特点，则在专志一地；其所志之地，或为其本乡，或为其曾经游历之异域。而其内容，则侧重于山川形胜、风俗习惯。刘知几曰："若盛弘之《荆州记》、常璩《华阳国志》、辛氏《三秦》、罗含《湘中》，此之谓地理书者也。"① 地理书以后向三个方向发展：其一衍为方志，如唐之《元和郡县志》，宋之《太平寰宇记》、《元丰九域志》，明、清《一统志》之类是也。其二为游记，如晋法显《佛国记》，唐玄奘《大唐西域记》，元长春真人《西游记》、耶律楚材《西游录》、马可·波罗《游记》，明马欢《瀛涯胜览》、费信《星槎胜览》、严从简《殊域周咨录》、黄衷《海语》、顾玠《海槎余录》、朱孟震《西南夷风土记》，清徐弘祖《徐霞客游记》、陈伦炯《海国闻见录》、杨宾《柳边纪略》、洪北江《伊犁日记》、《天山客话》、陆次云《峒溪纤志》、魏祝亭《荆南苗俗记》、《两粤傜俗记》等是也。此外，则为地理之历史的考证，此类地理考证之书，在清代著述最多，不及列举。

都邑簿所以记宫阙陵庙，街廛郭邑，辨其规模，明其制度。按历代都邑，正史无专志，故都邑簿，是所以补正史之所不及。刘知几曰："若潘岳《关中》，陆机《洛阳》、

① 《史通·内篇·杂述》。

《三辅黄图》、《建康宫殿》（魏杨炫之《洛阳伽蓝记》、马温之《邺都故事》），此之谓都邑簿者也。”① 此类著作，以后各代亦有撰述，如宋周密《南宋故都宫殿》及《武林旧事》、耐得翁《都城纪胜》、吴自牧《梦粱录》、孟元老《东京梦华录》，清余怀《板桥杂记》、雪樵居士《秦淮见闻录》、捧花生《秦淮画舫录》、许豫《白门新柳记》、西蜀樵也《燕台花事录》等书，虽其目的或非专为记述都邑，而皆能保存若干都邑状况之史料。

总上所述，可知中国史部杂著之丰富，其中自记事、记言、记人，以至记山川物产、风俗习惯、宫阙陵庙、街廛郭邑、神仙鬼怪，无所不有。自一国之史以至一地之史，一家之史，一人之史，无所不备。以上十类，虽尚不足以概括史部之杂著，但大体上，已可由此而挈其要领。此等杂史，虽其写作体裁不及正史之有系统，行文用字不及正史之典雅；但因杂史所记，多系耳闻目见之事，而且其所记之事又多系民间琐事，故其所记，较之正史，皆为真切，而皆足以补正史之遗逸缺略，乃至订正正史之讹误。特别是因为杂史不向政府送审，没有政治的限制，能够尽量地暴露史实的真相。所以有时在一本半通不通的杂史或笔记中，我们可以找到比正史更可靠的史料。

---

① 《史通·内篇·杂述》。

例如正史记事，限于政治，不确；限于篇幅，不详；而偏纪之类的书，则能正其不确，补其不详。如《宋史》载徽、钦北狩，不详；读辛弃疾《南渡录》等杂史，则徽、钦二帝北狩的行程及其沿途所受的侮辱，历历如见。《明史》载倭寇之战不确；读朱九德《倭变事略》等书，则知当时商人勾引倭寇，明代官兵望敌而逃之实情。清兵入关对中原人民的大屠杀，将来清史，未必全录；但是有了《扬州十日记》、《嘉定屠城记》等书，则知清兵入关，其屠杀之惨是严重的。

正史记人，皆根据其政治地位，为之纪传；其于草野之士，虽亦间有别为隐逸列传者，但被录者少而被遗者多。有了小录、郡书、家史、别传之类的书，或记其熟知之人，或记其乡土之贤，或自叙其家族之世系，或详记一人之平生，则正史所遗者因之而传，正史所略者因之而详。例如《三国志》上的许多人物纪传，大抵皆以此种杂史为蓝本而记录出来。如以小录而论，则有魏文帝《典论》、鱼豢《典略》、孙盛《魏略》、王隐《蜀记》、张勃《吴录》等。以郡书而论，则有《汝南先贤传》、《陈留耆旧传》、《零陵先贤传》、《楚国先贤传》、《益都耆旧传》、《冀州记》、《襄阳记》、《江表传》等。以家史而论，则有《孔氏谱》、《庚氏谱》、《孙氏谱》、《稽氏谱》、《刘氏谱》、《诸葛氏谱》等。以别传而论，则有吴人《曹瞒传》、《陈思王传》、《王朗家传》、《赵云别传》、《华佗别传》等。《三国志》如此，其他各史，大抵皆然。总之，凡正史列传中所不载或不详的人物，我们有时可以从杂史上找到。例如《宋史》载宋江的暴动，合《徽宗纪》、《侯蒙传》、《张叔夜传》三处所载，不过百余字，简直看不出宋江是怎样一个人；但我们读《宣和遗事》、周密《癸辛杂识》及龚圣与《三十六人赞》，则梁山泊上的三十六个英雄，有名有姓有来历了。

正史载言，多录诏令章奏，至于街谈巷议，则很少收入；而诏令之类的文字，又最不可信。《史通·载文》曰："凡有诏敕，皆责成群下。但使朝多文士，国富词人，肆其笔端，何事不录？是以每发玺诰，下纶言，申恻隐之渥恩，叙忧勤之至意。其君虽有反道败德，惟顽与暴；观其政令，则辛癸不如；读其诏诰，则勋华再出……是以行之于世，则上下相蒙；传之于后，则示人不信。"这就是说，政府的文告是最不可靠的史料，因为历代的统治者，都是满口的仁义道德，一肚子男盗女娼；好话说尽，坏事做绝；但是有了琐言一类的杂史，则民间言语，亦获记录，而此种民间言语，则最为可信。例如《宋史》载宋、金战争，只记胜败，读周密《齐东野语》，其中载宣和中，童贯败于燕蓟，伶人饰一婢作三十六髻，另一伶人问之，对曰："走为上计（髻）。"由此而知宋代官军，只知向后转进。又张知甫《可书》有云："金人自侵中国，雅以敲棒击人脑而毙。

绍兴间有伶人作杂剧戏云：‘若欲胜金人，须是我中国一件件相敌乃可，且如金国有粘罕，我国有韩少保；金国有柳叶枪，我国有凤凰弓；金国有凿子箭，我国有锁子甲；金国有敲棒，我国有天灵盖。’”由此又知当时南宋政府对付金人，只有凭着天灵盖去领略金人的敲棒。此外如曾敏行《独醒杂志》讽刺宋朝政府滥发货币，洪迈《夷坚志》讽刺宋朝宰相的贪污，岳珂《桯史》讽刺南宋的统治阶级把徽、钦二帝抛在脑后等等，都是以琐语而暴露社会经济和政治的内容；而被暴露的事实，又都是正史上所没有的。

正史记事，多有遗逸、逸事之类的书，即所以补正史之遗逸。如武王伐纣，《尚书》、《史记》只说武王伐罪吊民，读《逸周书》“克殷”、“世俘”诸篇，始知“血流漂杵”的内容。又如《三国志》记诸葛亮南征只有二十字，读《华阳国志·南中志》（有七百余字记载此事）才知道这一战争的经过始末。此外，若无夏允彝父子之《幸存录》、《续幸存录》，我们便不知亡国前夕的明朝政府之贪污腐败与荒淫无耻。若无邓凯《求野录》、罗谦《也是录》，便不知明桂王亡国君臣在缅甸之流亡情形及其最后的下落。

正史载四裔及外国皆甚简略模糊，地理书即可以补其不及。如《晋书》无外国志，但我们读法显《佛国记》，则自当时甘肃、新疆、中亚以至印度之山川形势、气候物产、艺术建筑、风俗信仰，便如身临其境；而且又知当时自印度经海道至中国的航线和海船的大小。读玄奘《大唐西域记》，则唐代的西域和印度的情形即了如指掌。读范成大《吴船录》，便知宋时印度之王舍城已有汉寺。读马可·波罗《游记》，便知自地中海以至中国之间这一广大领域在元时的状况。读马欢《瀛涯胜览》、费信《星槎胜览》等书，便知明代中国商人在南洋之活动，以及当时南洋各地之风土。此外，如清人所著关于苗瑶之书类，又为研究西南少数民族风俗习惯之最好的参考书。

正史对都市，特别是都市生活不详；都邑簿之类的书，即可补其不足。例如北魏时的洛阳是怎样的情形，从《魏书》上看不出来；我们读《洛阳伽蓝记》，便知当时的洛阳有多少城门，街道如何，而且城内城外有一千多个佛寺。宋代的汴梁是怎样的情形，从《宋史》上也看不出来；但我们读吴自牧《梦粱录》、孟元老《东京梦华录》等书，不但宫殿的所在、街道的名称，可以复按，而且当时的都市生活、商店、茶楼、酒馆、书场、妓院的地址，以及过年、过节、庙会等风俗，亦琐细如见。明末的南京，是怎样的情形，从明史上，也看不出来；但我们读《板桥杂记》等书，则知亡国前夕的南京，“灯火樊楼似汴京”；莫愁湖上的茶社，秦淮河中的游艇，都挤满了贫穷的妓女和腐化贪污的官僚。

刘知几曰：“刍荛之言，明王必择；葑菲之体，诗人不弃。故学者欲博闻旧事，多识其物，若不窥别录，不讨异书，专治周、孔之章句，直守迁、固之纪传，亦何能自致于此乎？且夫子有云：‘多闻，择其善者而从之，知之次也。’苟如是，则书有非圣，言多不经，学者博闻，盖在择之而已。”①

四　史部以外的群书——经、子、集

再次，说到史部以外的群书，即群经、诸子和集部诸书。这些书，虽不如史部诸书专记史实，但其中皆有意无意保存了一些史料，甚至比之史部诸书上所载更为可靠的史料。

首先说到群经。提起群经，就会使人头痛，今日流行的一部《十三经》，古往今来不知消磨了多少学者的精力。一直到现在，仍然是一种令人不能接近的怪物。

实际上，所谓群经，并不是什么神奇的天书，只是几部七拼八凑、残缺不全的古书。固然，由于其中文字的古奥、讹误、脱漏，致使义理不明，但这是一般古书的通病。这几部古书之所以令人头痛，一般的说来，是由于它们在经的尊称之下，被神秘化了。

---

① 《史通·内篇·杂述》。

因为一尊为经，则其中一言一句，皆被认为圣人垂世立教的微言大义。于是自汉以降，历代的经师皆以“说三字至二十万言”的著作来注释这几部古书。因而注疏之书，盈千累万。即一部《十三经注疏》而言，就有四百一十六卷，而其中所收之注疏，每经尚仅一家；又唐宋以后之注疏，且不在内。

这些著作，或注释名物，或训诂音义，或疏通经说，其中固有不少佳作。但亦有若干著作，繁辞缛说，节外生枝，以致下笔千言，离题万里。甚至“饰经术以文讦言”者，亦往往而有。因之，愈注愈疏，就愈繁重，愈玄妙，愈使人头痛；此古人所以皓首穷经而至死不通也。

经书令人头痛之最主要的原因尚不在此，而是今古文之争。本来在汉初，中国的经书，只有一种用当时流行的文字写定的本子，即所谓今文经。至哀、平之际，又出现了一种所谓古文经。这种古文经，系当时学者刘歆等伪撰而托为《孔壁遗书》。自是以后，今古文并行，以致真伪相乱，时代不明。于是而门户之见，流派之别，纷然杂起。今古文之争，纠缠了两千余年，难解难分。直到清代，才算做了一个结束。

当作史料看，我们对于今古文问题，似乎可以不管；但这个问题攸关群经的真伪，和它的时代，所以仍然不许我们逃避。在下面，我们对于今日流行之所谓《十三经》，分别给予以说明。

（一）《易经》，本是古代的一部卜筮之书，其著作年代，说者不一。顾颉刚氏谓在西周，郭沫若氏谓在春秋以后，孔子所不及见。这部书，原来只有卦爻辞，后来儒家学者加入了《易传》，于是变成了儒家宣传教义的圣经。

在西汉中期，《易》有施（雠）、孟（喜）、梁丘（贺）三家，是为今文三派。其后又出现费氏（直）的古文，京（房）、高（相）的别派，自魏王弼之注盛行江左，唐人因之以作正义，自是汉《易》诸家俱废。今《十三经注疏》所收者，王弼之《易》。

《易》自汉儒即加入了燕、齐方士之说。至王弼注《易》，《易》学遂与老、庄之道家言混合。五代、北宋间，道士陈抟又以道教中丹鼎之术，附会《易经》。至邵康节、周濂溪，于是而有先天、太极诸图，《易经》至此，达到了神秘的顶点。

自程伊川作传，少谈天道，多言人事，始稍净化。其后朱熹综周、程之说，作《易本义》，明、清宗之。首先反对道士《易》的是黄宗羲，他著《易学象数论》，攻击周、邵，跟着其弟宗炎又著《图书辨惑》，指出太极图说出于道士陈抟的无极图之秘密。同时，毛奇龄又著《河图洛书原舛》，与二黄之说相应，道士《易》便开始动摇。至胡朏明著《易图明辨》，于是蒙罩在《易经》上的神秘云雾，遂一扫而空。

（二）《尚书》，本是一部残缺不完的殷、周杂史。其产生的时代，各篇不同，有殷代之文，有西周之文。相传最古的《尚书》有三千余篇，孔子删为百篇。百篇《尚书》有序，其序见于《史记》，但仅传二十八篇。其后，河内女子献《泰誓》一篇，为二十九篇。《泰誓》旋佚，仍为二十八篇，是为今文《尚书》，亦即西汉中期的欧阳、大夏后（胜）、小夏后（建）三派所传之《尚书》。

平帝时，出现了伪古文《尚书》，比今文多十六篇，是为汉伪古文《尚书》。

东汉末，汉伪古文《尚书》亡佚。至东晋时复出，但比汉古文多九篇，为二十五篇，还附有一部伪孔安国传，是为晋伪古文《尚书》。自是以后伪《孔传》流行。今日“十三经”中的《尚书》，就是东晋伪古文《尚书》。

东晋的伪古文《尚书》，自宋以来，就有人反对，朱熹就是第一个反对者。以后元吴澄、明梅鹭、清姚际恒继起响应。至清初阎若璩著《尚书古文疏证》八卷，便宣告了东晋伪古文《尚书》的死刑。

（三）《诗经》，是西周至春秋时期的一部诗歌集。西汉前期，今文经只有鲁（申培公）、齐（辕固生）、韩（婴）三家，但西汉末又出现了毛氏的古文经。自郑康成依《毛诗》作笺，以后《毛诗》孤行，而三家俱废。（齐诗亡于魏，鲁诗亡于西晋，韩诗仅存《外传》）今《十三经》中之《诗》，即郑笺之古文《毛诗》。

《毛诗》自唐中叶以后，即浸生异议，韩愈对《毛诗》序即表示怀疑。至于宋，学者群起反对，如郑樵作《诗辨妄》、王质作《诗总闻》、朱熹作《诗集传》、程大昌作《诗论》、王柏作《诗疑》，于是《毛诗》遂被攻击得体无完肤。元、明以降，学者宗朱说，而《毛诗》不行。到清代，姚际恒作《诗经通论》、崔述作《读风偶识》、方玉润作《诗经原始》，而《毛诗》遂受最后之清算。

（四）所谓《礼经》，在西汉初只有高堂生、徐生两家。其后武帝至宣帝时，有后（苍）氏、大戴氏（德）、小戴氏（圣）、庆（普）氏之《礼》，是为《礼经》的今文。但以后又出现了《仪礼》、《周礼》、《礼记》，是为“三礼”。“三礼”自郑康成作注，唐人因以正义以后，亦俨然成为圣经，而汉初《礼经》遂废。

《周礼》，多数学者皆以为刘歆伪作，为西汉末之著作。但亦有谓为晚周人所作者，如何休谓《周礼》为“六国阴谋之书”。郭沫若谓为“赵人荀卿子之弟子所为”。

《礼记》，《汉书·艺文志》已经注明是七十子后学者所记 。郑玄《六艺论》云：“戴德传记八十五篇，则《大戴礼》是也。戴圣传记四十九篇，则此《礼记》是也。”然则《礼记》即《小戴礼》也。但陆德明《经典释文》云：“后汉马融、卢植考诸家异同，附戴圣篇章，去其繁重，及所叙略，而行于世，即今之《礼记》是也。郑玄亦依卢、马之本而注。”由此而知《礼记》之成，盖在东汉时。

《仪礼》为晚周之书，毛奇龄、顾栋高、崔述、牟庭皆有此说。姚际恒《仪礼通论》有云：“《仪礼》是春秋以后儒者所作，如《聘礼》皆述春秋时事，又多用《左传》事，尤可见。”又云：“《祝词》多用《诗》语，便知《仪礼》为春秋后人所作。”又云：“前后多观摹乡党之文，而有意别为简练刻画以异之。”

（五）《春秋》，可以说是一部编年的“春秋”史，但这部书，过于简单。如果没有传，就令人看不懂。所以后来有《公羊》、《谷梁》、《左氏》三传，但这三传并不是同时产生的。在西汉初，只有《公羊传》一种。不久《谷梁》出来，《春秋》遂有两传，是为今文《春秋》。（一说《谷梁》亦系伪古文）西汉末，古文《左传》出现，于是《春秋》才有三传。东汉时，三传同行，《公羊》为盛。六朝后，《公羊》、《谷梁》同废，《左传》孤行。至于唐代，啖助、赵匡之徒，力诋三传，于是“春秋三传束高阁，独抱遗经究终始”。以后，学者多撰新传，而宋人胡安国之传，在明代立于学官，至是三传皆废。至清代，学者始再复三传，但以《公羊》为盛，而《左氏》、《谷梁》不振。今《十三经》中的春秋三传并录。

《公羊》为今文，似无可疑，《谷梁》暗袭《公羊》、《左氏》，杂取《周礼》、《毛诗》，义理乖戾，文辞不通。近人张西堂以此而疑其为汉人伪作。至于《左传》之为西汉末的伪书，刘逢禄在其《左氏春秋考证》一书中，辨之甚详。康有为《新学伪经考》亦谓《左传》乃刘歆分《国语》之大半，再缀拾杂书而成。故《国语》之所略者，即《左传》之所详；反之，《左传》之所详者，亦即《国语》之所略。此外，《左传》中，常杂有战国时代的辞句，如“不更”、“庶长”、“腊祭”等战国的官名或制度，由此而知《左传》之成书，乃在西汉之末。

（六）《论语》，是孔门弟子所记之孔子的语录。西汉初有齐、鲁二家，《齐论》二十二篇，《鲁论》二十篇，是为今文。西汉末，又出现古文《论语》。古文《论语》与今文没有什么分别，只是把《鲁论》的二十篇变为二十一篇，即将《鲁论》之末一篇“尧曰”分为“尧曰”与“子张”二篇。自张禹合《齐》于《鲁》而《齐》、《鲁》相混，郑康成复合《齐》、《鲁》于古文《论语》，于是真伪不辨。今《十三经》中之《论语》，即今古文混合以后的《论语》。

（七）《孝经》本是汉人所撰的一部修身教科书，但亦有古文。古文经与今文不同者，即今文为十八章，古文则分为二十二章。《孝经》之伪中出伪，不仅一次，而是至再至三。第一次，出于西汉末叶；第二次，出于隋之刘炫；第三次，出于日本之太宰纯（刻入《知不足斋丛书》第二集中）。郑玄注《孝经》是用的今文本，但是唐注出而郑注微；至宋初，郑注遂亡。今《十三经》中的《孝经》，是唐注本。

（八）《尔雅》，本是秦汉时代的一部名物辞典，与圣道并不相干。其出现在平帝时，又有与《毛诗》、《周礼》训诂相合者，故近人亦有谓此书为刘歆伪撰者，但我以为刘歆没有理由伪撰此书。

总上所述，我们知道，今日流行的《十三经》，其中除《尔雅》、《孟子》以外，都有伪古文。此种伪古文经，大多数出于西汉之末，但亦有出于东晋者，如《尚书》；更有出于隋代者，如《孝经》。然而皆谓为圣人的真经，这样，就真伪相乱，时代不明了。

以上我简略地说明了群经的今古文之分，产生的时代及其演变的源流。从这里，我们知道在今日流行的《十三经》中，除《尔雅》、《孟子》外，其余或全为古文，或今古文并出。我们既从群经中辨别了今文和古文，是不是凡今文皆真、古文皆伪呢？不然。这里所谓真伪，只是今文经对古文经而言。因为古文经对今文经作伪，所以说古文经是假的，今文经是真的。实际上今文经中也有伪文，古文经中也有真史。

例如今日被证实为今文经之《诗》三百零五篇、《书》二十九篇、《礼》十七篇、《易》十二篇、《春秋》十一篇、《论语》（鲁论）二十篇、《孝经》一篇十八章，并非古人自己的记录，而皆为周、秦间学者所纂集，其中固有不少真为古代的实录，亦有儒家托古的伪作。有西汉时加入之篇，如《书》之《泰誓》，《易》之《说卦》等。此外甚至有全为汉人伪撰之书，如《孝经》。他如《尚书》中之《尧典》、《皋陶谟》、《禹贡》、《甘誓》（近人亦有疑《洪范》、《梓材》、《胤征》、《康诰》者），《论语》中之后五篇（《季氏》、《阳货》、《微子》、《尧曰》、《子张》），都是后人的伪作，固不能因其为今文而即认为真史也。

古文经对今文经而言，虽为伪经，但亦并非凭空杜撰，而为西汉末许多学者根据今文经及其他古典文献纂集而成。近来疑古学者往往站在今文家的立场，把古文经的纂集归之于刘歆一人的伪造，而且完全为了一种政治目的，即辩护王莽改制。这种说法，未免过火。假如刘歆真能一手伪造群经，则他不仅可以称圣人，而且可以称为超圣人了。

实际上，古文经中，还是含有真实的史料。例如，《左传》，虽为《春秋》古文，但其所记，为《春秋》的史实，而且纠正了今文《公羊》上的若干错误。只要我们不为它的八股式的“书法”所蔽，仍然是研究春秋社会历史的最好史料。《毛诗》是古文，但其所录，为西周、春秋的诗歌。只要我们不为那种武断《诗》的时代、歪曲《诗》的本义之《毛诗序》所蔽，则《毛诗》仍然是研究西周、春秋社会的最好的史料。《周礼》虽伪，但其中有一部分仍可以认为战国史料。《孝经》虽伪，但由此可以看出汉人的伦理观念。古文《尚书》虽伪，但由此可以看出西汉末叶对古史的传说。关于这些，我们又不能因其为古文而遂认为伪史也。

至于群经中间关于没有文字时代的记录，如虞、夏之文，不论其为今文，为古文，为西汉人所伪，抑为东晋人所伪，说是真的，都是真的，因为都是记录传说；说是假的，都是假的，因为都不是古人自己留下来的记录。故关于虞、夏之文，只要有考古资料做根据，无论今文和古文，都可以引为旁证。

其次说到诸子。当作史料看，诸子之书，是研究先秦学术思想最主要的史料。而且其中亦有记述前代史实及反映或暗示当时社会内容的记录，故又为研究先秦社会史最好的资料。

诸子和群经相反，不但没有被尊为圣经，而且在儒家学说的教义独裁之下，被指为“异端”，为“邪说”，为“奸言”，为“愚诬之学”、“杂反之辞”。即因如此，所以也就没有蒙上神秘的云雾。虽然如此，诸子之书，派别分歧，真伪杂出，所以一提到诸子，也令人有目迷五色之感。

关于诸子的学术思想的流派，战国时即有著录。

《庄子·天下》篇所举者有九家：曰墨翟、禽滑釐（附相里勤、五侯、苦获、已齿、邓陵子），曰宋钘、尹文，曰彭蒙、田骈、慎到，曰关尹、老聃，曰庄周，曰惠施（附桓团、公孙龙）。

《尸子·广泽》篇所举者有六家：曰墨子（即墨翟），曰孔子，曰皇子，曰田子（即田骈），曰列子，曰料子。

《荀子·非十二子》篇所举十二家：曰它嚣、魏牟，曰陈仲、史鳝，曰墨翟、宋钘，曰慎到、田骈，曰惠施、邓析，曰子思、孟轲。《天论》篇所举者四家：曰慎子，曰老子，曰墨子，曰宋子。《解蔽》篇所举者六家：曰墨子，曰宋子，曰慎子，曰申子，曰惠子，曰庄子。

《韩非子·显学》篇所举者两家：曰儒，曰墨。“儒之所至，孔丘也；墨之所至，墨翟也。”又于儒分八派，曰：“自孔子之死也，有子张之儒，有子思之儒，有颜氏之儒，有孟氏之儒，有漆雕氏之儒，有仲良氏之儒，有孙氏之儒，有乐正氏之儒。”于墨分为三派，曰：“自墨子之死也，有相里氏之墨，有相夫氏之墨，有邓陵氏之墨。”此外并附有宋荣子曰：“夫是漆雕之廉，将非宋荣之恕也；是宋荣之宽，将非漆雕之暴也。”

《吕氏春秋·不二》篇所举者十家：曰老耽（聃），曰孔子，曰墨翟，曰关尹，曰子列子，曰陈骈（即田骈），曰阳生（即杨朱），曰孙膑，曰王廖，曰儿良。

以上诸书，皆系战国时代的著作，其所著录，当系时有其人（惟皇子、料子、它嚣无可考），实有其学。关于上述诸家，据近人考证，除孔子、史鰌、邓析为春秋末年人外，余均为战国时人。即孔子的学说，经其门徒纂集，其成书，当亦在战国时。在这里，只有老子的时代，近来成为问题。以前，皆以老子为孔子的前辈，晚近梁启超著《论老子书成于战国之末》一文，辨证《老子》是战国末年的著作，我同意这种说法。所以诸子之书，大概都是战国时期的作品。

关于诸子的学术思想，在上述诸书中，我们只能看到个别的叙述。虽其中亦隐约可以见其流派，但并无整然之划分。自刘歆《七略》，创为九流出于王官之议，班固因之以作《汉书·艺文志》，于是诸子之书别为十家：曰儒家，曰道家，曰阴阳家，曰法家，曰名家，曰墨家，曰纵横家，曰杂家，曰农家，曰小说家。本为十家，而又曰："其可观者，九家而已。"盖以此而符合于刘歆之所谓九流也。

按九流出于王官之说，显系后起之义。不但在战国诸子的著作中，看不见此说之踪影；即汉初《淮南子·要略》论诸子的学说之起源，亦无此说。《要略》之言曰：

有殷周之争，而太公之谋生；有周公之遗风，而儒者之学兴；有儒学之敝（礼文之烦扰），而后墨者之

> 教起；有齐国之地势，桓公之霸业，而后管子之书作；有战国之兵祸，而后纵横修短之术出；有韩国之法令（新故相反，前后相谬），而后申子刑名之书生；有秦孝公之图治，而后商鞅之法兴焉。

《要略》所论，虽不必尽对，但在原则上，他认为诸子学说的兴起，都是时代的产物，这是很正确的。

关于诸子学说的渊源，这里不及多说；这里要说的是诸子的著述之存佚和真伪问题。

据《汉志·诸子略》所录，诸子十家，凡作者一百八十九家，书四三二四篇，其著述之繁富，可以想见。惟《汉志》所录，不限于先秦诸子，汉人的许多著作，也著录在内。而且其中伪托之书，占最大多数。关于这一点，我们可以从《汉志》中竟录有黄帝、神农、风后、力牧等神话人物之著作，可以推知。

不论《汉志》所录，是真是伪，而其所录各书，大都皆已亡佚；今所存者，不过十之一二而已。而且这十之一二的存书中，还有很多伪书。先秦的著作，实在屈指可数。

据梁启超《〈汉志诸子略〉各书存佚真伪表》所列，《汉志》所录，儒家之书五十三家，已佚者四十五，仅存者八家，即晏子、孟子、孙卿子、贾谊、董仲舒（即《春秋繁露》）、《盐铁论》、刘向所序四种之三（《新序》、《说苑》、《列女传》)、扬雄所序四种之三(《太玄》、《法言》、《州箴》)。道家之书三十七家,已佚者三十四,仅存者三家,即《老子》、《庄子》、《管子》。法家之书十家,已佚者八,仅存者二家,即《韩非子》、《商君书》。名家之书七家,已佚者五,仅存者二家,即《公孙龙子》、《尹文子》。墨家之书六家,已佚者五,仅存者一家,即《墨子》。杂家之书二十家,已佚者十八,仅存者二家,即《吕氏春秋》、《淮南子》。此外,阴阳家之书二十一家,纵横家之书十二家,农家之书九家,小说家之书十五家,皆已全佚,仅能于他书中见其遗说。

但是传世的子书,却不仅此数,例如儒家中有陆贾《新语》,道家中有《鬻子》、《文子》、《关尹子》、《列子》、《鹖冠子》,法家有《慎子》,名家有《邓析子》。此外并有《汉志》所无之书,如儒家中之《孔丛子》、《六韬》,道家中之《阴符经》、《子华子》、《亢仓子》,纵横家之《鬼谷子》,杂家之《于陵子》等,这些书,近来已经证明是后人伪托的。

关于诸子中的伪书,姚际恒《古今伪书考》曾列举全伪之书三十七种。《四库全书总目提要》亦曾于诸子书目之下,一一注明"全伪"、"疑伪"及"疑撰人"等字样。据晚近学者研究,诸子之书,已决定全书皆伪者有《孔子家语》、《孔丛子》(现已公认为魏王肃伪撰)、《阴符经》、

《六韬》(汉以后人伪撰)、《鬻子》、《关尹子》、《子华子》、《文子》、《亢仓子》、《鹖冠子》、《鬼谷子》、《尉缭子》(魏、晋至唐陆续伪撰)、《于陵子》(明人撰)、陆贾《新语》、贾谊《新书》、《老子河上公注》(晋以后人伪撰)、《吴子》、《司马法》、《晏子春秋》(大约西汉人伪撰)、《列子》(疑为晋张湛撰)。至于凡托名神话人物之著作,如《神农本草》、《黄帝素问》、《风后握奇经》等,其为后人伪托,更无可疑。此外如《申子》、《尸子》、《慎子》、《尹文子》、《公孙龙子》,原书皆佚。今传者或由近人辑出;但原书是否为本人所作,抑为秦汉人依托,也是问题。

又如《管子》、《商子》、《孙子》,其书不伪,但绝非管仲、商鞅、孙武所撰,而为战国末年人之书。

《老子》、《墨子》、《庄子》、《韩非子》是真书,但其中亦杂有伪篇。如《老子》中"佳兵者不祥"一节,《墨子》中"亲士"、"修身"、"所染"三篇,《庄子》中之外篇及杂篇之一部,《韩非子》中"初见秦 "一篇,都是后人窜乱之作。

总之,诸子之书,都是先秦古书。两千年来,由于传抄传写而发生讹误,已属不少,而又不断有人伪托,窜乱,所以几乎没有一部完全的真书。因而我们从诸子采用史料时,就要用一番工夫去判别它们的真伪。但这不是说伪托之书就完全没有史料的价值;伪托之书,只要我们知道它们作伪的时代，它还是那个时代的史料。例如《周髀算经》，当作周公作则错；当作周末汉初人作，则仍然是这一时代的古算书。《素问》、《难经》，当作黄帝及秦越人作则错；当作秦汉间人作，则仍然是这一时代的古医书。

再次说集部诸书。集部诸书，在四部中问题最少。因为它们既不如经书之被神化，亦不如子书之多伪托，又不如史书之有窜乱。如果说它们也有问题，那就只是间有传刻的错误而已。

集部之书，并非专记史实之书，大抵皆系纯文学的，至少亦为含有文学性的著作，其为研究文学史之主要的资料，尽人皆知。章实斋曰："文集者，一人之史也。"其实，何止文集如此？诗词歌赋、小说剧本，又何尝不是历史资料？而且又何止是一人之史？在任何时代的文学作品中，我们都可以找到作者对当时社会所涂绘的阴影；不过他们所涂绘的阴影，有浓有淡而已。所以我以为集部之书，当作史料看，它们正是各时代的社会缩写，正是各时代的人民呼声，正是千真万确的历史记录。而且其中的历史记录，往往是正史上找不出来的。

例如《楚辞》，在集部中是最古的一种，其中《天问》，记录着战国末叶楚国流传的许多神话传说。在《离骚》中，记录着当时楚国的党争。其他各篇，描写战国末年楚国流行的风俗。这些在战国时的史书中是找不到的。

又如在汉赋中，班固的《两都赋》，张衡的《两京赋》，对于两汉的都市、宫室以及许多琐碎的掌故之记录，是两《汉书》中找不出来的。

在三国时的五言诗中，如王粲的《七哀诗》，描写大混战中之难民逃亡的情形。曹植的《名都》篇，描写当时有闲阶级的生活。而这些，又是《三国志》中找不出来的。

在唐诗中，如杜甫之《石壕吏》、《潼关吏》、《新安吏》、《新婚别》、《垂老别》、《无家别》，描写“安史之乱”中唐代政府捆绑壮丁的情形；《哀江头》，描写沦陷以后的长安。白居易的《重赋》，描写唐代农民之被收夺；《轻肥》、《歌舞》、《买花》、《伤宅》，描写唐代统治阶级之骄奢淫逸；《盐商妇》描写唐代商人之豪富。韦庄的《秦妇吟》，描写黄巢入长安的情形。此外，在唐诗中，诗人之记述其所身历的事变和目睹的社会状况的诗歌，尚不知有多少。其所暴露的事实，又都不是新、旧《唐书》上所能找出来的。

在宋词中，欧阳修的《渔家傲》，描写北宋时一年十二月的节日。秦观咏汴州，谓当时汴州充满了“珠钿翠盖，玉辔红缨”。王与之咏杭州，谓当时杭州“千门绣户笑歌声”。柳永咏钱塘，谓当时钱塘“参差十万人家”。此外如辛弃疾、陆游的作品，都反映出故国山河之感。这些关于风俗、都市和知识分子的情绪，又都不是《宋史》上所能找到的。

在元曲中，如《窦娥冤》、《鸳鸯被》，描写元朝统治者的高利贷，以人抵账。《朱砂担》、《冯玉兰》，描写元朝统治者之强奸杀人。《陈州放粮》，描写元朝统治者的贪污腐化。《冻苏秦》、《荐福碑》，描写在元朝统治下知识分子之陷于饥饿。这些，又都是《元史》上找不出来的。

在明代的传奇中，如孔尚任的《桃花扇》，描写南明福王政府之任用宦官党、投降派，放逐忠良，排斥贤士大夫，贪污无耻，内战第一，以及清兵南下时望风而逃的情形，历历如在目前，而这在将来的清史中，对于这一段历史，也未必写得这样生动。

此外，在明、清的章回小说中，也反映出不少的史实。虽然在小说中的人物事实，大半都是假设；但在作者当时，则必须有这一类型的人物和事实。例如《水浒传》中写史进、林冲、鲁达、杨志，都是逼上梁山。不管有无史进等其人，而在明代政府的暴虐政治之下，人民之被迫而暴动，则为事实。又如《儒林外史》写士大夫周进、范进那样热衷可耻，写戏子鲍文卿那样忠厚可爱。不管有无周进、鲍文卿其人，而明代士大夫的风格，不如戏子，则为事实。同书写一个秀才倪老爹，后来竟至修补乐器为生，而且卖了自己的四个儿子。不管有无倪老爹其人，而明代知识分子穷到卖儿卖女的，一定不少，则为事实。又如《金瓶梅》

写西门庆的荒淫无耻、武断乡曲、奸淫人民的妇女。不管有无西门庆其人，而明代有这样的豪绅则是事实。又如《红楼梦》写大观园里的秽史。不管有无大观园，而在清代的贵族中有这样豪奢、腐败、淫秽的家庭，则是事实。

总之，自楚辞、汉赋、唐诗、宋词、元曲，以至明、清之传奇小说，乃至现在的许多文艺作品，它们表现出中国文学自己发展之一系列的历史过程，也反映出历史上所不载的社会发展的内容，所以它们是文学，同时也是史料。

五　四部以外的各种文字记录

不仅四部之书皆为史料，即四部以外之任何文字的记录，都有史料的价值。诚如韩愈所云："牛溲马勃，败鼓之皮，俱收并蓄，待用无遗。"只要我们善于抓梳，废纸堆中，往往可以找到比经史子集中更可宝贵的史料。

例如原藏内阁大库之清代档案，民国以来，人皆视同废纸，以后竟当成废纸，廉价拍卖（以档案四分之三，售与故纸商，数九千袋，得价四千元）。但是这庞大的废纸堆中，却含有极其珍贵的史料。例如其中有关于鸦片战争之文件，即有四五十卷。又如其中之康熙年间与俄皇大彼得、法王路易十四往来的文件，更是研究清初的外交宝典。关于档案之整理，只有罗振玉曾就其所得之一部编为《史料丛刊》十册。此外王芷章曾就档案中有关于清代宫廷戏剧者，编为《清升平署志略》二卷。其有待于我们整理者，其数量至为庞大，其工作亦至为艰巨。

又如碑铭墓志，看起来，似乎与历史无关，但是其中也往往有珍贵的史料。例如“大秦景教流行中国碑”（唐建中二年）记基督教始入中国事。开封“挑筋教人所建碑”（明正德六年）记犹太人及犹太教始入中国事。“九姓回鹘可汗碑”（唐刻无年月）记回鹘的历史及与唐朝的关系事。“唐蕃会盟碑”（唐长庆间刻）记唐与吐蕃会盟事。而且在有的碑文上还保存了古代外国文字。如“大秦景教碑”有古叙利亚文，“九姓回鹘可汗碑”有古突厥文、粟特文。“唐蕃会盟碑”则有古吐蕃文，因而这些碑铭又是研究古外国文字和古吐蕃文字的资料。此外，私人的墓志，也有时足以补史籍之缺失。如杨家将在《宋史》中并不重要；但我们读欧阳修所作“供备副使杨君（琪）墓志”，而后知杨业父子，在当世就有“无敌将军”之称。又如七下西洋的郑和，读《明史》，我们只知道他是一个宦者。但自昆明发现“马哈只墓志”，而后知郑和的父亲是阿拉伯人。他若碑碣的捐款数目，足以推知立碑时的物价和人民的生活程度。

私人的函札，似乎无关大局；但其中也有些足以补史籍之缺失。例如司马迁《史记·自序》，述其遭受腐刑，几不知其故；但读其《报任安书》，则详知其事。又如三国时，中国大疫，《三国志》仅书某年大疫，而不记其程度。但读魏文帝《与吴质书》，而后知“昔年疾疫，亲故多罹其灾”。又如读多尔衮《致史可法书》，而后知清兵在征服中国的战争中，曾执行诱降的政策。读明桂王《致吴三桂书》，而后者知桂王求为藩封。此外如清朝的曾、左、李、胡诸集所载的信札，都是研究近代史最好的史料。

宗教经典，看起来似乎是一种迷信的说教，但其中也有史料。例如《释氏要略十诵律》云：“以佛塔物出息，佛听之。”僧祇云：“供养佛华，多听转卖入佛无尽藏中。”这就反映出唐代的僧侣打起佛教的旗帜大放高利贷。此外在各种佛典中都充满了古印度的神话传说。又如基督教的《创世纪》中有“罗得和他女通奸”、“亚伯拉罕和他妹子结婚”等故事，这些都是犹太最古的传说。

又不仅以上的文字记录中皆有史料，诚如梁启超所云：“一商店或一家宅之积年流水账簿，以常识论之，宁非天下最无用之物？然以历史家眼光观之，倘将‘同仁堂’、‘王麻子’、‘都一处’等数家自开店迄今之账簿及城间乡间贫富旧家之账簿各数种，用科学方法一为研究整理，其为瑰宝，宁复可量？盖百年来物价变迁，可从此以得确实资料；而社会生活状况之大概情形，亦历历若睹也。又如各家之族谱家谱，又宁非天下最无用之物？然苟得其详赡者百数十种，为比较的研究，则最少当能与人口之出生死亡率及

其平均寿数，得一稍近真之统计。舍此而外，欲求此类资料，胡可得也?”（《中国历史研究法》）

又岂仅如梁氏所云账簿、家谱可以当作史料，即杂志、报纸、传单，亦无一不是史料。假使我们把抗战以来，各种杂志中主张民主与反对民主的论文汇集起来，就可以写成一部抗战以来的政治思想史。又假如我们将抗战以来报纸上所载的贪污事件汇集起来，就可以写成一厚本贪污列传。将报纸上所载的兵役故事汇集起来，就可以写成若干新《石壕吏》的诗歌。将报上所载之敌人暴行汇集起来，就可以写成无数的新《屠城记》。在相反的方向，假如我们把报上所载的沦陷区域的人民起义事件汇集起来，又可以写成无数的英雄传记。总之，只要我们耐烦去搜集，则无往而非史料。

考古发现与历史研究

这次中央人民政府文化部主办的“全国基本建设工程中出土文物展览会”，可以说是解放以来内容最丰富的一次历史文物展览会。

在这次展览会中展出的文物共有三千七百余件，全部都是新近在基本建设工程中出土的。以地域而论，北自松花江，南迄珠江，东自黄海边缘，西迄甘肃走廊地带，几乎全国各地都有文物出土。以时间而论，上自旧石器时代，下迄明代，几乎是贯通历史的全时代。以文物的种类而论，自石器、骨器、陶器、青铜器，以至漆器、瓷器、玉器、金银琉璃器等，几乎无所不有。像这样一个展览会，当然要在我们面前展开一幅具体、生动而又复杂的历史画面。

毫无疑问，这些来自全国各地的而又是新近出土的各种各样的历史文物，对于中国历史的研究，会提供极其丰富的新的资料。也是毫无可疑的，这些新的文物将对中国历史上的许多问题给以补充、订正，甚至要向中国的历史学家提出新的历史问题。

我以最大的兴趣参观了这次展览会。现在我把参观这个展览会的印象写在下面。

首先我想说到的是四川资阳出土的人类头骨。这个头骨化石是被发现在第四纪更新统地层中，它和周口店山顶洞人是出现于同一地质时期，但它的头骨构造和山顶洞人的头骨构造很不相同。这个旧石器时代的人类头骨化石在四川的发现，对于我来说，是提出了一个新的问题。因为我在过去对于中国人类的起源曾经作过这样一个推论，即中国最初的人类是出现于华北靠近内蒙古一带的地方。我的这种推论的根据是过去在中国发现的旧石器时代的人类化石，如中国猿人、河套人、山顶洞人都是发现在北方。同时在中国发现的旧石器遗址也都在北方。现在，在四川发现了资阳人，我过去的推论就要重新考虑了。

资阳人的发现，不仅对中国旧石器时代人类的分布提出了新的问题，对旧石器时代人类体质的研究也提出了新的问题。在人类发展的过程中，资阳人应该安排在什么地方？这就是向人类学家提出的新问题。

其次值得重视的是山西汾城县①丁村发现的旧石器时代遗址，和全国各地普遍发现的新石器时代遗址。据展览会

---

① 1954 年与襄陵县合并为襄汾县。

说明书上报告，华北区新发现的新石器时代遗址共有四十多处，其中三十六处在山西，分布在自黄河北岸越中条山向北沿汾河上溯至太原义井村。新石器时代遗址也遍布华东各省，四年来在华东各省发现的达七十处以上。中南区也清理了五个新石器时代遗址。在四川绵阳县石塘乡边堆山，在甘肃永登县红沙沟口，都发现了新石器时代遗址。此外，在松江省依兰县①发现了倭肯哈达洞穴的新石器文化。汾城的旧石器时代遗址和普遍全国的新石器时代遗址的发现，毫无疑问，将使中国原始社会的历史从地下放出更大的光辉。

旧石器时代遗址，过去的发现很少，在山西境内的发现还是第一次。新石器时代遗址，过去也发现的不多，大抵都在中国北部，在中国南部发现的只有香港附近的泊寮洲②、广东海丰和浙江良渚等几个地方。这次在华东、中南和西南各地普遍发现，也是新创的记录。即因石器时代遗址在南方发现很少，就使人们发生一种错觉，以为直至新石器时代，中国的南部还是一片没有人烟的荒原。我过去曾根据极其薄弱的证据企图证明在新石器时代中国的南部已有人类的活动。我说在旧石器时代末期或新石器时代初

---

① 1954年后，属黑龙江省。

② 亦称舶寮岛，今称南丫岛。

期有一种南方系统的文化分作两支由中国的南部向北发展，一支沿东南海岸北进，另一支由西南山岳地带北进。现在看起来，我的这种推论是有被证实的希望。假如江西、湖南的新石器文化是属于南方的文化系统，则新的资料对于我的推论是作了有力的补充，即南方系统的新石器文化不仅是分作两支向北发展，而且是全面地向北推进。

新石器时代遗址的资料，据展览会说明书所载，在淮安青莲岗发现了与河南彩陶相似的彩陶片，在河南禹城白沙水库工地、在甘肃永登、在山西临汾都发现了彩陶。此外在淮河流域发现了标准黑陶。这些新的发现，对于彩陶与黑陶两种文化的分布，提出了新的资料。特别值得指出的是在临汾遗址中与彩陶同地发现白陶（无花纹），这对于过去认为白陶是殷人独有的文化的说法提出了异议。

由于石器文化发现很少，中国原始社会的历史直到现在还是隐蔽在神话与传说之中，把这一段历史从神话与传说中洗刷出来是很有必要的，虽然这一段历史是属于太古时代。正如恩格斯所说："这个'太古时代'在一切情况之下，对于所有未来的世代来说，总还是一个非常有趣的时代，因为它建立了全部往后更高发展的基础，因为它的出发点是人从动物分离出来，而它的内容则是克服将来集体的人们所永远不会再遇到的那些困难。”①

第三，说到新发现的殷代文物。解放以来，在河南辉县琉璃阁（此会未展出），在郑州二里岗，在陕西岐山县青化镇，在安徽、山东境内都发现了殷代文化，其中特别重要的是辉县琉璃阁和郑州二里岗两个殷代文化遗址。辉县琉璃阁遗址有殷代早期的灰土坑，也有殷代晚期的墓葬。在这里出土的文物中值得注意的是殷代早期的文物，如石器和稍加磨制的骨角器、具有不整齐的钻凿的卜骨、留有制造过程中留下来的绳印纹的陶器和铜箭头等等。陶埙（一种乐器）也在这里初次出土。在安阳殷墟还有骨制、石制的埙出土。这些文物对于早期的殷代历史研究提供了一些资料。郑州二里岗遗址有殷文化层，也有殷以前的黑陶文化层。在这里出土的殷代遗物有字骨、黑色陶器、带釉陶器，这种带釉陶器质坚、火候高，简直有些类似最原始的瓷器。此外在岐山县青化镇出土的殷代遗物有玉刀、铜尊等铜器。安徽、山东所发现的殷代文化与安阳殷墟的遗物十分近似。

这些遗址和遗物对殷代历史提出了一些什么问题呢？我以为首先是扩大了我们对殷代文化的领域的观点。过去我们一提到殷代就只想到安阳殷墟，对于殷墟以外毫无所

① 恩格斯：《反杜林论》，人民出版社 1956 年版，第 118—119 页。

知。现在我们至少已经知道除了安阳殷墟以外，还有辉县的琉璃阁、郑州的二里岗也曾经是殷代文化繁荣之地。

此外是对殷代早期的历史提供了新的资料，至少提供了新的线索。过去我们对殷代的知识，由于资料的限制，只是限于盘庚迁殷以后；对盘庚以前的殷代历史，还是传说中的一点知识。现在虽材料不多，但辉县和郑州二里岗的发现却给我们一个启示，即殷代早期的史料是可以在河南、山东境内找到的。郑州遗址发现与殷文化层相叠的黑陶文化层，这虽然不能证明黑陶与殷文化有直接的承袭关系，至少可以说它们是有某种交替关系。

由于殷墟发掘和甲骨文字的通读，中国的史学家对于殷代历史的研究过去是比较有成绩的。但也应该承认，由于资料的限制和研究方法的陈旧，对于殷代历史的研究还是很不够的。以地域而论，只是限于安阳一地；以时间而论，只是限于盘庚以后。因此，在过去的基础上，结合新发现的文物对殷代历史作进一步的研究，就成为中国历史学家今后的任务。殷代历史的究明是重要的，因为殷代历史发展的过程就是中国私有财产和奴隶制国家成立和发展的过程，这种过程的究明对于后来的封建社会历史的研究是具有重要意义的。

第四，说到西周、春秋、战国时代的新出土的文物。西周和春秋时代的历史文物，解放以后出土不多，只有洛阳白马寺工地发现的二十几座古墓有一部分是属于西周和战国时代的。此外在河南陕县发现了一些春秋时代的铜器。战国时代的文物发现很多。在河南洛阳、辉县（此会未展出），在湖南长沙，在山西河津，在辽东鞍山，在热河兴隆①以及中南区的治淮工程中到处都有发现。其中值得重视的是长沙、辉县、鞍山和兴隆的发现。

长沙发现了战国时代的漆器、木俑、竹席、竹简、船和车的模型、缣制品、雕花木板、金锭等等。其中竹简是首次发现。

辉县发现的战国时代的遗物中有刻纹细致的铜器，有仿铜器花纹图案的彩绘陶器，有各种兵器，错金镶玉嵌珠以及镂花金银片等精巧的工艺品，还有战国时代的一块祭肉至今未腐。更重要的是在这里的固围村战国墓中发现的大批战国时代的铁制生产工具，其中有犁、镬、锄、斧、铲、凿、刀、匕首等。

鞍山的战国遗址中也出土了大批刀币和铁制农具。

更重要的是热河兴隆的发现。在热河兴隆的古代冶铜遗址附近发现了战国时有字的铸造生产工具的铁范八十七件，重一百九十余公斤，其中有铸造锄、斧、镬、镰、凿、车器等生产工具的铁范。

---

① 1956 年后，属河北省。

这些新出土的文物说明了战国时代中国工艺制作的技术已经达到相当高度的水平。特别是大批铁制生产工具的发现，更是有力地说明了铁制的生产工具的使用在战国时已经极为普遍。尤其是辽东鞍山发现铁制农具和热河兴隆发现铸造生产工具的铁范，更说明了当时的铁制生产工具已经不仅普遍应用于当时文化发达的中原地区，而且也应用于当时中原以外的边远地方了。我们知道，从铁制生产工具的发明到普遍使用，需要一段时间；从文化发达的中原地区的普遍使用到某些边远地方的使用，又需要一段时间；从边远地方的使用到自己的制造乃至大规模的制造，又需要一段时间。因而热河兴隆发现的八十七件铸造生产工具的铁范的出现，应该是铁制生产工具在中原普遍使用很久以后的事情。从而也暗示了中国铁器的发明和应用是很早的。

由于考古发现不多，资料不足，关于西周、春秋、战国的历史，特别是关于西周的社会性质，一直到现在，在中国历史学家之间还没有一致的意见，有的说是奴隶社会，有的说是封建社会。究竟是什么社会，这就需要更多的地下发现提出实证，也要更深入更谨慎地研究《诗经》、金文及其他有关的古典文献。我在十几年前曾经主张过西周是封建社会，我当然希望新的考古发现能够确切地证实我的主张；但也许我的主张在新的考古发现之前被否定。因此，我从来没有想过要在科学面前坚持自己的主观成见，在科学面前应该服从真理。

第五，两汉的文物，解放以来发现最多。在洛阳西北发现的五百多座古墓，其中百分之九十以上是汉墓。仅仅从二百四十六个墓葬的清理中，就出土了汉代文物一万六千余件。此外在河南辉县、禹县，在陕西长安，在甘肃古浪，在湖南长沙，在广东广州，在四川成都，在热河兴隆，在辽东鞍山等地，到处都有发现。

在出土的文物中包括各种各样的东西，其中最值得注意的是汉代的生产工具。生产工具，各地都有发现。例如在洛阳发现了汉制的铲、锄、锛、犁、斧。在辉县琉璃阁汉墓中发现了铁刀，在河南白沙水库发现了汉铁铲，在陕西长安发现了汉铁制的镰、锯、剪、锥、锨、凿、斧，在甘肃古浪黑松驿发现了汉铁制的铧、斧、锛、锄，在辽东鞍山发现了汉代的铁锄。此外在热河兴隆古采矿坑井附近发现了汉刻字铜块七件，刻有东若干西若干字样，有的加刻“二年”两字，现存的最大数字是“东十六”、“西六十”，这很可能是当时热河东西两炼铜厂炼出来的原料。除了这些铁制的生产工具外，最重要的是洛阳出土的各种农产物的标本，其中现存的有谷、黍、稷、薏仁、粱、稻、谷子（小米）等七种，没有实物而仅在贮存谷物的陶器上留有名字的有麻、粟、稻米、大麦、小麦、大豆、小豆、黍粟、粱米、麴个、白米等十一种。这些遗物和谷物名称的发现，具体地说明了汉代农作物的种类。除农产品以外，在宝成铁路南段出土了汉代陶制水田明器，在洛阳出土了汉代灌溉设置的模型。这些都对于汉代农业生产的研究提供了最好的资料。

其次是有关工艺方面的文物，如各种各样的铜器、绘文陶器、漆器、丝织物等。特别是漆器和丝织物传播的范围非常广泛，东至辽东，西至新疆，北至内蒙古，南至广东。这就说明汉代的文化对当时国内各族人民起了极大的启蒙作用。

又次是反映汉代人民生活的各种殉葬的陶制的明器，如房屋、炉灶、水井、猪圈、牛车等。此外有各种日用器皿，其中记有年代的洛阳出土汉初平元年的朱书陶罐，甘肃古浪出土的刻有“大司农平斛建武十一年正月造”铭文的铜斛。此外有广州出土的仿葫芦器、陶匏和一个木船的模型，木船左右各五桨，中有重楼。这些同是属于汉代的东西，各地制作的形式大同小异，反映出时代的共同性，也反映出浓厚的地方色彩。

此外还有很多艺术品，如画像石、空心砖、墓壁彩画以及绘有花纹的陶器等等。成都出土的画像砖，刻有山水、人物、杂技、房屋、车马、花鸟、宴会、采莲等各种不同的写生画。望都东关外出土的汉墓壁画，绘有人物，人物衣文的画法似乎已应用了简单的渲染。沂南出土的画像石刻有居舍、百戏、祭祀等图画。这些雕刻或绘画反映了当时艺术的风格和内容，也反映了当时人民的生活。

出土的汉代文物是丰富的，它们简直可以再现汉代人民的社会经济生活方式乃至艺术生活，这在过去是不可能的。过去研究汉代的历史几乎完全依靠文献上的史料，因而说来说去总是带着抽象的性质，有了这些发现，就可以使汉代的历史从纸上浮凸出来了。

最后，说到汉以后的文物。自六朝历隋、唐、宋、元以至明代的展出品中，主要的是艺术品，如陶俑、雕塑、壁画、饰物等等。

这里展出的陶俑甚多，其中引人注意的有西安草场坡出土的北魏陶俑。北魏的陶俑除了各种生活用品以外，出现了马上奏乐的骑士、披甲的马和歌手。咸阳底张湾出土的北周陶俑，也有骑士和披甲的马。这类陶俑的出现，反映出好战的而又是爱好音乐的鲜卑人的生活。隋墓中出现了贴金的武士俑。唐墓中出现了游山俑群，其中有男有女，或坐或立。这都是陶俑中首次发现的。此外在济南祝店元墓出土的陶俑中出现了色目人，这也是稀有的。

在展出的雕刻中，最引人注意的是河北曲阳修德寺废墟附近发掘出来的自北魏至唐的石造像（共有二千二百余件），这些石造像大部分都把头打去了。有人怀疑是被古董商人切下盗卖了。但这批石造像是埋在辽文化层下面的，如果盗卖，必须翻动辽文化层，而辽文化层没有翻动。这批石造像之被斩首，我想可能是在唐武宗会昌五年（845 年）即毁天下佛寺的那年，因为这里的石造像都是会昌五年以前的。在石造像中，还有北京市区内的唐墓中出土的五尊兽首人身的十二辰石刻像，也是罕见的艺术品。

在展出的壁画中，最有意义的是河南禹县出土的北宋哲宗元符二年（1099 年）赵大翁墓的壁画。这幅壁画的主题是描绘赵大翁夫妇的地主生活。其中有一幅描绘赵大翁夫妇接受佃农的贡物，其中有献酒的，有献钱的，也有献布帛的。另一幅描绘赵大翁家中的一个少妇在查点从农民剥削而来的金锭，在桌上、在地下到处是金锭，可以说是“金银满堂”。还有一幅描绘一个少妇梳妆，在她的旁边有四个侍女侍立，手里都拿着梳妆用的东西。这几幅壁画很生动地表现出北宋时的地主生活，也表现出当时的农民被迫把自己的生产物献给地主的情形。还有在四川明墓中发现的色彩鲜艳的建筑彩画，对建筑史的研究提供了最好的资料。

此外在展出品中，有各地出土的六朝青瓷，唐长安故城含元殿遗址附近出土的三彩釉陶女俑，洛阳出土的唐三彩陶器，各地出土的宋瓷，北京附近董四墓村明嫔妃墓出土的赤金器皿和首饰，吉林敦化牛顶山古渤海国贞惠公主墓出土的陶瓶鎏金饰物碎片和金环等。这些都表现出各时代的工艺品的特色。

自汉以后的展出品虽然主要的是艺术品，但艺术品的本身就是历史产物。一定的历史时代的艺术反映出一定历史时代的艺术家的思想活动，而艺术家的思想活动又是生根于社会物质生活条件之中，生根于社会存在之中，因而它就是社会存在的反映。怎样从艺术品中找出社会生活的反映，这就是我们的任务。自然，从这些艺术品的题材风格找出艺术自己发展的道路，也是必要的。

没有疑问，这次展出的历史文物，对中国的史学家将引起极大的兴趣。问题就是要进行研究，只有通过细致的研究，即把个别的文物联系到它在地下的存在状况，联系到与它同时出土的其他文物进行研究，才能通过这些文物揭示历史发展的规律。仅仅靠展览会中的一度浏览，是不能作出任何结论的。

伟大的国家经济建设替中国的考古事业开辟了广阔的道路。现在已经不是几个人、几十个人在某一遗址打探沟，而是成千成万的劳动人民为了奠定基本建设的基地而大规模地翻动祖国的地层。现在已经不是一个、两个遗址和墓葬的发掘问题，而是数以百计的遗址、数以千计乃至一万以上的古代墓葬的发掘问题。现在我们的考古学工作者再不会徘徊于古代文化废墟，望着荒烟蔓草、断碑残碣发出浩叹，而是怎样制定计划、组织力量去进行调查发掘，而是怎样提高自己的理论水平与业务水平去进行整理研究。现在我们的文物工作者已经不是坐在冷清清的文化宫殿“抱残守缺”，而是以极大的努力把越来越多的考古发现在越来越大的展览会中“推陈出新”。现在我们的历史研究工作者也不应望着考古的发现视若无睹，以为自己的责任只是咬文弄字、寻章摘句；而是要以更大的努力不断地向考古发现吸收知识去丰富中国的历史，补充和订正中国的历史，把考古的发现应用到历史研究和历史教学中去，使这些发现成为对人民群众进行爱国主义历史教育的教材。

考古事业的新时代来了，我们将以最大的注意迎接新的发现。

（《光明日报》1954 年 5 月 20 日）

略论搜集史料的方法

一　史料与方法

在这篇论文里，我提出来的问题，是有关中国史研究之史料方面的诸问题。

我在《怎样研究中国史?》[①] 一文中，曾经指出史料对历史研究的重要性。在这篇论文里，我曾经这样说过：研究历史，固然要有正确的科学方法，但“方法的本身，并不就是历史，也不会自动地变成历史”。“因此我以为，当我们知道了历史方法以后，就要带着自己知道的方法，走进中国历史资料的宝库”。在结论上，我又说：“不钻进史料中去，不能研究历史；从史料中跑不出来，也不算懂得历史。”

在这里，我强调史料对历史研究的重要性，并不是说方法不重要；反之，没有正确的方法，不但不能进行历史之科

---

① 见《怎样自我学习》，重庆《新华日报》，青年生活社主编，1945 年 2 月出版。

学的研究；即从事于史料之搜集与整理，亦不可能。史料与方法之相辅相成的关系，正如刘知几所云："夫有学（史料）而无才（方法），亦犹有良田百顷，黄金满籝，而使愚者营生，终不能致于货殖者矣。如有才而无学，亦犹思兼匠石，巧若公输，而家无楩楠斧斤，终不果成其宫室者矣。"①

要使历史学走上科学的阶梯，必须使史料与方法合而为一。即用科学方法，进行史料之搜集、整理与批判；又用史料，进行对科学方法之衡量与考验。使方法体化于史料之内，史料融解于方法之中。

二　史料探源与目录学

一直到现在，我们还没有一部完整的科学的中国史，并且也没有经过科学整理之现存的史料，供给我们作为研究的资料。在今天，我们要想建设一部科学的中国史，还是要从史料的搜集整理和批判着手。搜集史料，并不是一种容易事情。因为中国的史料，虽然浩如烟海，但它们并不像宝库里的金银聚在一起，可以应手取得；而是和矿石一样，埋藏在我们所不知道的许多地方，需要我们耐烦去探求。考古学的资料不必说，沉埋在各种地层之中，不易

① 《旧唐书·刘子玄传》。

发现；就是文献上的资料，也是散在各种典籍之中，不易找到。因之，探求史料，正如采矿一样，有时在一个地方可以发现一大批，有时在许多地方竟至找不到丝毫。

第一个难题，就是怎样才知道某种史料存在于某些文献之中。帮助我们解决这一难题的，是目录学。中国自汉以来，就有目录学。刘歆的《七略》，就是中国最初的一部目录学著作。嗣后，班固仿效他的体例，总录东汉初及其以前的群书，作《汉书·艺文志》。自是以后，历代史家，多损益班例，于正史的编制中辟图书目录一栏。如《隋书》、新旧《唐书》均有《经籍志》，《宋史》、《明史》均有《艺文志》。此外，尚有无数目录学专著，其中有由政府官撰的，如宋代的《崇文总目》，清代的《四库全书总目》；至于私家的撰著，更不可胜数①。这些目录学的著作告诉我

① 私人撰著的目录自刘歆《七略》以后，历代皆有。如在晋则有荀勖《中经新簿》的“四部”；在刘宋则有谢灵运《四部目录》和王俭《七志》；在南齐则有王亮、谢朏《四部书目》；在梁则有阮孝绪《七录》和任昉、殷钧《四部目录》；在宋则有晁公武《郡斋读书志》，陈振孙《直斋书录解题》，郑樵《通志·艺文略》，尤袤《遂初堂书目》，王应麟《玉海·艺文目》；在元则有马端临《文献通考·经籍考》；在明则有焦竑《国史经籍志》，杨士奇《文渊阁书目》，朱睦㮮《万卷堂艺文记》，陈第世《善堂藏书目》，高儒《百川书志》，黄虞稷《千顷堂书目》，祁承㸁《澹生堂藏书目》；在清则有钱曾《读书敏求记》、《述古堂藏书目》，徐乾学《传是楼书目》，王闻远《孝慈堂书目》，姚际恒《好古堂书目》，汪宪《振绮堂书目》，孙星衍《孙氏祠堂书目》，钱大昭《补续汉书·艺文志》，钱大昕《补元史·艺文志》，顾怀三《补后汉书·艺文志》、《补五代史·艺文志》，卢文弨《补宋史·艺文志》、《补辽金元史·艺文志》。在现在各公私图书馆，也有图书目录。

们历代文献的名字、篇章、版本及作者的姓名等等，虽然不很详细，但至少可以作为我们寻找史料的一种线索。

仅仅依靠目录学的指示，还是不能解决问题的。因为目录学不能详细地告诉我们某种书上有某种史料。如果要知道某种史料在某种书上，还是要从一种书到另一种书，逐书搜求。

所谓逐书搜求，并不是见书就翻，而是从与这一史料有关的诸文献上去搜求。例如搜集屈原的史料，我们知道《史记》中有《屈原列传》。从《屈原列传》中，又知道他曾为楚怀王左徒，并且与张仪有关系，于是又追踪这种线索，去搜查《史记》中的《楚世家》及《张仪传》。同时，从《史记》中又知道屈原曾作《离骚》及《怀沙》等赋，于是又再去搜查他的这些文艺作品。这样逐书搜求，便可以把屈原的史料完全找到。搜集屈原的史料如此，搜集其他的史料也是如此。

还有一种方法，即从一种书的引用语或注解中去追寻与这一史料有关之第二种书类。因为任何书中，都难免不引用他书的材料或文句。这种被引用的材料与文句，或在本文中指明了它们的来历，或在注解中注明它们的出处。因此我们就可以依据本文或注解中的指示，去追寻原书。也许在原书的注解中，又发现与这一史料有关之其他的书类。这样跟着注解追寻下去，则以前不过是表现于一句两句引用语中的简单史料，以后就可以逐渐集其大成。清代的学者，曾用这种方法，辑成了无数的佚书①。我们若用这种方法来搜集史料，当然也可以扩大我们对于某书有某种史料的知识。

三　史料择别与辨伪学

用上面的方法，我们可以慢慢知道某种史料在某种书籍之中。但中国古书有许多伪书，这些伪书都是后人托古之作②，如果不把这些伪书从真书中辨别出来，就开始搜求

① 中国的典籍，历代有散亡；但其佚文，常散见于他书之引用语或注解中。学者因慨古籍散亡，故有辑逸之业。辑逸之业，始于宋代。宋王应麟辑有《三家诗考》、《周易郑氏注》各一卷。明时有孙瑴辑《古纬书》，专门搜集纬书佚文。至于清代，辑逸遂发展为一种专门学问，如惠定宇辑汉代各家经注为《九经古义》十六卷；余仲林承其师法，辑成《古经钩沉》三十卷。以后四库开馆，即以辑逸为主要工作。单就从《永乐大典》一书中辑出的佚书，就有三百八十五种，四千九百二十六卷。其中经部六十六种，史部四十一种，子部一百零三种，集部一百七十五种。此外，从汉人经注及子、史，从六朝及唐人史注、唐人义疏及唐宋间类书中辑出之佚书，尚不知有若干。其中以黄奭《汉学堂丛书》、马国翰《玉函山房辑逸书》两种，类辑的佚书最为丰富。

② 以古为高，是中国人的一种特别心理。因而托古自重，也就变成了中国学术上的一种特别风气。早在战国时代，学者即竞托古人言语，著书立说。如儒家称尧、舜，而百家言黄帝，即其例证。秦火以后，中国古典文献大半烧毁。西汉初，政府悬金求书，于是伪书大出。西汉末，王莽托古改制，刘歆佐之，又伪造大批古书，以为王莽政治改制的辩护。“经”今古文之争，即始于此。魏晋之交，王肃治经，反对郑康成的经注，又造作一批伪古书，以为抨击郑说之根据。两晋六朝为了对抗佛教的教义，又伪撰一批道书。明代中叶以后，学术复古，所造的伪古书也不少。

史料，那我们一定会把伪书上的史料也混在一起，这种伪书上的史料，就会使我们对于史实的判断陷于时代的错误。时代一错，全盘的研究也就错了。所以第二个难题，就是怎样辨别书的真伪。帮助我们解决这一难题的，是辨伪学。

辨伪学，早在汉代即已开其端绪。如《汉书·艺文志》于其所著录的书目之中，即注明其中有“依托”者七，“似依托”者三，“增加”者一。王充《论衡》中的《儒增》、《艺增》、《书虚》、《正说》诸篇，对古书亦多所辨证。以后，在隋则僧法经著《众经目录》，别立“疑伪”一门；在唐则刘知几于《史通》中有《疑古》、《惑经》之作，而柳宗元且证《列子》、《文子》、《鹖冠子》、《亢仓子》皆为伪书，或后人杂作。这些，都是辨伪学的先导。

到宋代，疑古之风大扇，辨伪之学因日益昌盛。如司马光疑《孟子》，欧阳修疑《易十翼》、《周礼》及《仪礼》，王安石疑《春秋》，郑樵疑《诗序》及《左传》，朱熹疑《古文尚书》及《周礼》，叶适疑《易十翼》、《管子》、《晏子》、《孙子》、《司马法》、《六韬》与《老子》。此外，陈振孙著《直斋书录解题》，晁公武著《郡斋读书志》，更指出了不少的伪书。在元代，亦有吴澄著《书纂言》，辨斥《古文尚书》。到明代，则宋濂著《诸子辨》，专力于伪书的检讨；方孝孺著《逊学斋集》，指《古三坟》、《夏小正》、《周书》为伪书；梅鷟著《尚书考异》，证《古文尚书》二十五篇为皇甫谧伪作。最后，胡应麟著《四部正伪》，是为中国第一部伪书目录。

至于清代，辨伪之学大盛。在清初，姚际恒著《九经通论》及《古今伪书考》。在《九经通论》中，对群经多所辨证；在《古今伪书考》中，则列举伪书百余种。虽其所辨证未必尽当，但总算把问题提出。① 以后，辨伪之学日益深入，学者踵起，往往穷毕生之力专辨一书或数书。如阎若璩著《古文尚书疏证》，辨东晋《伪古文尚书》及《伪孔传》；万斯同著《群经辨疑》，于《周礼》多所辨析；万斯大著《周官辨非》，辨《周官》多与古书不合；孙志祖著《家语疏证》，辨《家语》为王肃伪撰；刘逢禄著《左氏春秋疏证》，辨

---

① 《古今伪书考》分伪书为五类：（一）全部伪者六十九种。其中经部十九种——《易十翼》、《子夏易传》、关朗《周易》、《麻衣正易心法》、焦氏《易林》、《易乾凿度》、《古文尚书》、《尚书汉孔氏传》、《古三坟书》、《诗序》、《子贡诗传》、《申培诗说》、《周礼》、《大戴记》、《孝经》、《忠经》、《孔子家语》、《小尔雅》、《家礼仪节》。“史部”十三种——《竹书纪年》、《汲冢周书》、《穆天子传》、《晋乘书》、《楚梼杌》、《汉武故事》、《飞燕外传》、《西京杂记》、《天禄阁外史》、《元经》、《十六国春秋》、《隆平集》、《致身录》。“子部”三十七种——《鬻子》、《关尹子》、《子华子》、《亢仓子》、《晏子春秋》、《鬼谷子》、《尹文子》、《公孙龙子》、《商子》、《鹖冠子》、《慎子》、《于陵子》、《孔丛子》、《文中子》、《六韬》、《司马法》、《吴子》、《尉缭子》、《李卫公问对》、《素书》、《心书》、《风后握奇经》、《周髀算经》、《石申星经》、《葬书》、《拨沙录》、《黄帝素问》、《神异经》、《十洲记》、《列仙传》、《洞冥记》、《灵枢经》、《神农本草》、《秦越人难经》、《脉决》、《博物志》、《杜律虞志》。（二）真书而有杂伪作者十种：《仪礼》、《礼记》、《三礼考注》、《文子》、《庄子》、《列子》、《管子》、《贾谊新书》、《伤寒论》、《金匮玉函经》。（三）书不伪而撰人姓名伪者七种：《尔雅》、《韵书》、《山海经》、《水经》、《阴符经》、《越绝书》、《吴越春秋》。（四）书不伪而书名伪者二种：《春秋繁露》、《东坡志林》。（五）著作人不明者四种：《国语》、《孙子》、《刘子新论》、《化书》。

《左传》释经部分为刘歆伪撰；魏源著《诗古微》，非《毛诗》而宗《齐》、《鲁》、《韩》三家。又著《书古微》，斥《伪古文尚书》。最有名的，是崔述的《考信录》，在这部书中，他对于先秦古书，除《诗》、《书》、《易》及《论语》之一部分以外，几乎都怀疑是伪书。此外，《四库全书总目》，对于伪书及可疑者，亦有注明。① 但此书成于乾隆中叶，许多伪书，尚未考定，故其中注明是真书的，未必都是真的。

到近代，辨伪学仍在继续发展，康有为的《新学伪经考》，王国维的《今本竹书纪年疏证》，都是有名的辨伪之作。此外梁启超在其所著《中国近三百年学术史》中，对辨伪之学，亦曾有所论列，并且拟出一个伪书及疑伪书的

---

① 《四库全书总目》中分伪书及可疑者为四类：（一）注明全伪者二十五种——《子夏易传》、《古文尚书》及《孔安国传》、《古文孝经孔安国传》、《风后握奇经》、《太公六韬》、黄石公《三略》及《素书》、《黄帝宅经》、郭璞《葬书》、《鬻子》、《子华子》、《鬼谷子》、《东方朔神异经》及《海内十洲记》、班固《汉武故事》及《武帝内传》、干宝《搜神记》、陶潜《搜神后记》、张华《博物志》、任昉《述异记》、《黄帝阴符经》、《关尹子》、《河上公老子注》、刘向《列女传》。（二）疑伪者两种——《古本竹书纪年》、司马穰苴《司马法》。（三）疑撰人者十种——《尚书大传》（疑非伏生著）、《诗序》、《方言》、《列子》（疑撰人）、《晏子春秋》（疑撰人及年代）、王通《文中子》（疑其书并疑其人）、《管子》、《商子》、《墨子》（疑非管仲、商鞅、墨翟作）、《灵枢经》（疑唐王冰依托）。（四）断为后人依托者六种——《孔子家语》及《孔丛子》（断为王肃依托）、陆贾《新语》（断为后人纂集）、《黄帝素问》（断为周秦间人作）、刘歆《西京杂记》（断为梁吴均依托）、《山海经》（断为非夏禹、伯益作）。

目录①。顾颉刚编的《古史辨》，对于辨伪也有不少的贡献。

看起来，辨伪的工作，古人已经做得很多；但是他们并没有做尽，而且他们所辨的，也未必完全正确。因此，当我们搜集史料的时候，不能完全相信古人辨伪的结论，只能把他们的结论作为参考；对于书的真伪，还要重新作一番精密的考查。

当我们拿起一本古书的时候，首先就应该检查史籍上

---

① 梁启超在《中国近三百年学术史》中，将汉以前的伪书及疑伪者分为六类：（一）全部伪绝对决定者二十种——《古文尚书》及《孔安国传》、《古文孝经》及《孔安国传》、《孔子家语》、《孔丛子》、《阴符经》、《六韬》、《鬻子》、《关尹子》、《子华子》、《文子》、《亢仓子》、《鹖冠子》、《鬼谷子》、《于陵子》、《尉缭子》、《老子河上公注》、陆贾《新语》、贾谊《新书》。（二）全部伪大略决定者七种——《周礼》、《孝经》、《晏子春秋》、《列子》、《吴子》、《司马法》、《毛诗序》。（三）全部伪否未决定者九种——《尚书百篇序》、《古本竹书纪年》、《穆天子传》、《逸周书》、《申子》、《尸子》、《慎子》、《尹文子》、《公孙龙子》。（四）部分伪绝对决定者六种——《老子》中《夫佳兵者不祥》一节，《墨子》中《亲士》、《修身》、《所染》三篇，庄子《外篇》及《杂篇》之一部分，《韩非子》中《初见秦》篇，《史记》中“记昭宣元成以后之文句”，《楚辞》中之屈原《大招》。（五）部分伪，未决定者八种——《今文尚书》二十八篇中之《虞书》、《夏书》，《左传》中释经语，《论语》二十五篇中后五篇，《史记》中一部分，《荀子》、《韩非子》中各一部分，《礼记》及《大戴礼记》中之一部分。（六）撰人名氏及时代错误者十四种——《易彖传》、《象传》、《系辞》、《文言》、《说卦》、《序卦》、《离卦》（非孔子作），《仪礼》（非周公作，应为西周末春秋初之作），《尔雅》、《小尔雅》（非周公作，系西汉时人集训诂之书），《管子》、《商君书》（非管仲、商鞅作，系战国末年法家者流所编集），《孙子十三篇》（非孙武作，当是孙膑或战国末年人书），《尚书大传》（非伏生作，西汉经师所著），《山海经》（非夏禹或伯益作，系汉代相传的一部古书），各种纬书（非孔子作，是战国末年传下来的神话书），《周髀算经》（非周公或商高作，是周末或汉初相传的古算书），《素问》、《难经》（非黄帝及秦越人作，是秦汉间医书），《越绝书》（已知作者为会稽袁康，后汉人）。

的目录或私家的著录中有没有这本书的名字。因为各时代的书大半都著录于各时代的目录中。如周秦之书，不见于《汉书·艺文志》；隋唐之书，不见于《崇文总目》；元明之书，不见于《四库全书总目》，就有些可疑。但也有例外，如前代目录上的伪书，后代的目录照抄者，其书名虽见于目录，也是伪书；反之，明清之际若干野史、杂记，以政治关系，多不见《四库全书总目》，但并非伪书。

其次，考查著者有无其人。因为必有著者其人，而后有其人之书。如神农、黄帝、夏禹、风后，都是神话中的人物，实际上并无其人，因而所谓神农《本草》、黄帝《素问》、夏禹《山海经》、《风后握奇经》等书，当然是后人伪托。又如列御寇只是《庄子》书中的寓言人物，实际上亦无其人，故指为列御寇所作之《列子》，自然也是伪书。

再次，考查书的著作时代是否已有文字。如有文字，文字的体裁如何？例如传说中之神农、黄帝，下迄虞、夏时代，还是中国史上的野蛮时代，当时并没有文字，又安能留下文字的记录？所以凡托为虞、夏及其以前的书类，都是后人伪托的。例如真《古文尚书》二十八篇中的《虞书》、《夏书》，绝非虞、夏时人的作品，而是后人推想古代社会之作，这从《尧典》、《舜典》、《大禹谟》等篇之首句，就有“曰，若稽古帝尧（或‘帝舜’、‘大禹’）”一句，即可看出。又各时代皆有其流行的文体。如指为某时的书，而书中文字与当时的文体不合，也必为后人伪托。例如《商书》而与甲骨文的文体不合，《周书》而与金文的文体不合，便有可疑。

又次，从书中所载的史实、制度及事物考查。如书中出现著者所不及见之后代的史实、制度及事物，则其书即使非全伪，亦曾为后人所窜乱。例如真《古文尚书》中的《虞书》，出现了“三年之丧”，故知为儒家学说出现以后的作品。《禹贡》的贡物中出现了“璆铁”，故知非石器时代的作品。《山海经》中有汉郡县名，故知非伯益所作。《月令》有秦代太尉官名，故知非周公所作。《管子》记毛嫱、西施，《商君书》记长平之役，其人其事，绝非管仲、商鞅所能见，故知非管、商所作。至于《史记》中出现昭、宣、元、成间事，则更为明显之窜乱。此外，前人之书引用后人之书的文句者，其书亦必为后人伪作，如《古文尚书》引《论语》“允执厥中”一语，又引《荀子》“人心之危，道心之危”，故知为儒、道两家学说出现以后的伪作。

又次，从书中所表现的思想考查。例如《管子》中有驳斥“兼爱”和“寝兵”的说教，故知为墨家学说出现以后的著作。《列子》中有“西方之圣人”一语，故知为佛教学说输入以后的著作。

用以上的各种方法考查古书，必能辨别孰为真书孰为伪书，孰为真书中的伪文（如真《古文尚书》中的《虞书》、《夏书》），孰为伪书中的真文（如伪《孔丛子》中的《小尔雅》一篇）。这样，我们便不仅知道某种史料在某种书上，而且也知道书的真伪了。

辨别了书的真伪以后，我们就可以从真书上找史料。但这不是说，伪书完全无用。伪书之所以不能用，是因为著作者不用他自己的名字，而要伪托古人，以致使作品的时代不明。因而只要我们确知了伪书的作伪时代，则伪书还是可以用作作伪时代的史料。例如《周髀算经》不当作周公或商高作，而当作汉初的算术书；《素问》、《难经》不当作黄帝及秦越人作，而当作秦汉间的医书；《山海经》不当作大禹或伯益作而当作汉代相传的古地理书；各种纬书不当作孔子作，而当作战国末年流传下来的神话集成。则这些伪书都有了真书的价值了。

最后，我要特别指出，有一个例外，即研究史前时代的历史，伪书上的史料也可以引用。为什么？理由很简单，因为史前时代的人，尚无文字。没有文字时代的人，当然不能留下任何文字的记录。因而今日所有关于史前时代之文字的记录，不论是载于真书，抑或载于伪书，都是有文字以后的人伪托的。比如《尚书》有真伪，但关于虞、夏之文，都是后人伪托的，真《古文尚书》是汉人的伪托，伪《古文尚书》是晋人的伪托。同是伪托，就没有真伪之分。如果说它们也有分别，那只有记录传说的先后不同而已。

要从文字的记录中找出没有文字时代的人类之自己的记录，那是不可能的。所以我以为要辨别史前史料之是否确实，不能依于文献的真伪，而是要以这种史料是否与考古学的发现相符以为断。合于考古学发现的，就是伪书上的传说，也可以用为旁证；反之，即使是真书上的史料，也要存疑。因为当作假的，则真书上记录的传说，也是伪托；当作真的，则伪书上记录的传说，也有或多或少的历史因素。所以我以为只要有考古学的资料做根据，不但伪《古文尚书》上的史料可以引用，即更荒唐的“纬书”上的史料乃至现在流行的关于远古之传说神话，也可以引用。①

四　史料辨证与考据学

我们知道了书的真伪，但问题尚未完全解决；因为在真书上的史料，有些也是需要辨证的。例如在史籍上我们

---

① 例如我在《中国史纲》中，说到夏代可能有车的问题，我首先提出考古学的根据，如新石器时代的陶片上，已有车轮的绘画，当时制造陶器，已使用磨轮。然后我再引用真《尚书·甘誓》中“御非其马之正”，伪《古文尚书·五子之歌》中“若朽索之驭六马”，以及《史记》谓夏禹治水“陆行用车”等传说以为旁证。这些传说的引用，绝不会使结论陷于错误。因为去掉了这些传说，而夏代可能有车的结论，还是不会动摇的。此外在史前史的部分，我并引用了“纬书”上的传说以为考古学资料的说明。至于没有考古学发现证实的，虽真书上的传说，也不引用。

常常可以看到，同一史实，各书记载互异；同一原文，彼此引述不同；或采摭古书而不记出处，或商榷前世而全违故实。以致事实讹谬，文字错舛，真伪混淆，是非参差。若不加以辨证而随便引用，则不但异说纷纭，无所适从；必至纰缪相因，以讹传讹。所以在辨别书的真伪以后，我们又碰到第三个难题，就是史料的辨证问题。

帮助我们解决这一难题的是考据学。这种学问，很早就有人做，汉人的经注已开其端。自晋以后，辨证史籍的人一天天多起来。如裴骃注《史记》，颜师古注《前汉书》，李贤注《后汉书》，对于原书的文句音义多所解释。裴松之注《三国志》，对于原书的史实多所增补；如有异说，并录备参考。刘攽、吴仁杰的《两汉刊误》，对于原书上的文字错舛多所勘正；吴缜的《新唐书纠谬》，对于原书上史料的讹谬多所纠正。这些，都是考据学的先导。

到了清代，考据学就大大地发展了。在清代，学者因受政治的压迫，不能涉及与现实有关的学问，于是骋其聪明才力，埋头于故纸堆中，从事于与现实无关的考据之学。因而中国的古典文献，无论经书、子书或史书，大部分都经过了一番考证。对于各种史籍中的史实，凡有可疑的，无不探源索隐，钩沉辑逸，考异正讹，纠谬质疑，使其本源大白，讹误自明，异说并陈，是非自见。

清代辨证史料的著述甚多，其中有通辨诸史的，有专辨一史的。通辨诸史的书，最有名的，是钱大昕的《二十一史考异》，王鸣盛的《十七史商榷》，赵翼的《廿二史劄记》。钱书的特点，是对原书上文字的校正、名物的训释；考订史实，则其余事。王书的特点，是在考证原书上的典章制度以及史实的轇轕，使之关节疏通，脉络摇转；至于校释文句，则其余事。赵书的特点，则在提出原书中的重要问题，罗列史料而予以论列；若校勘史实的矛盾，则其余事。三书各致力于一个方面，若融合而贯通之，则对史料之辨证，可以获得多方面的知识。又武英殿版《二十四史》，每篇之后都附有考证，校文释义，考异致疑。此外，通辨诸史的书，尚有杭世骏的《经史质疑》，钱大昕的《诸史拾遗》，洪颐煊的《诸史考异》，洪亮吉的《四史发伏》，李贻德的《十七史考异》（未刊），宋书升的《二十四史正讹》（未见传本）等。

专辨一史的书，以辨“四史”者最多。以“四史”文体较古，窜乱亦多，特别是《史记》，自冯商、褚少孙以后，窜乱者十余家，若不加以辨证，则真伪相乱，无从辨识。在清代，考证《史记》的著作，有钱坫的《史记补注》，惜其书未刊；梁玉绳的《史记志疑》，杭世骏的《史记考证》，王念孙的《读书杂志》，邵泰衢的《史记疑问》。这些书，对于《史记》上的纰缪，纠正甚多。此外，尚有崔适的《史记探源》，则专辨后人窜乱的部分，欲使《史记》恢复司马迁的原书。

考证两《汉书》、《三国志》的著作，其数量亦不减于《史记》。其中考证《汉书》的，多侧重于文字的校正；考证《后汉书》的，多侧重于史实的纠谬。[①]《后汉书》上的史实之所以有纠正的可能，是因为当时已经辑出了许多后汉史的佚书。[②] 至于考证《三国志》的著作[③]，则其内容，皆系补佚考异。

自《晋书》以下的诸史，辨证的书虽不及“四史”之多，但诸史皆有考证之书。[④] 此外，尚有专辨某史某一部分

---

① 辨两《汉书》的著作，有钱大昭的《汉书辨疑》、《后汉书辨疑》、《续汉书辨疑》，汪大铎的《汉书志疑》，王峻的《汉书辨误》，吴翌凤的《汉书考证》，王念孙的《读汉书、后汉书杂志》，沈家本的《汉书琐言》，周昌寿的《汉书注校补》、《后汉书校正》，陈少章的《两汉订误》，沈钦韩的《两汉书疏证》。最后，王先谦著《汉书补注》、《后汉书集解》等书，总诸家考证的成果，成为最后的巨制。

② 清姚之骃《后汉书补逸》二十一卷，其中有刘珍《东观汉记》八卷、薛莹《后汉书》一卷。谢承《后汉书》四卷、司马彪《续汉志》四卷、张璠《后汉记》一卷、谢沈《后汉书》一卷、袁山松《后汉书》一卷。汪文台又辑七家《后汉书》十九卷，附佚名《后汉书》二卷。

③ 辨《三国志》的著作，有钱大昭的《三国志辨疑》，潘眉的《三国志考证》，梁章钜的《三国志旁证》，陈景云的《三国志举正》，侯发祥的《三国志补义》，尚镕的《三国志辨微》。

④ 自《晋书》以下诸史，皆有考证之书，如卢文弨的《晋书校正》，周云的《晋书考勘》，李慈铭的《晋书札记》，丁国钧的《晋书校文》，洪亮吉的《宋书音义》，李慈的《宋书札记》，吴汝纶的《宋书点勘》、《齐书点勘》、《梁书点勘》、《陈书点勘》。王先谦的《魏书校勘》，杭世骏的《北齐书疏证》。刘寿曾的《南史校议》，李慈铭的《隋书札记》，赵绍祖的《新旧唐书互证》，吴兰庭的《五代史记纂误》，陆心源的《宋史翼》，厉鹗的《辽史拾遗》，施国祁的《金史详校》，李文田的《元秘史注》，王颂蔚的《明史考证捃逸》等。

的著作，如考证诸史中之书志①，特别是地理志和艺文志。

从这里，我们可以看出，中国文献上的史料，在清代曾经经过一度精密的考证。清代的学者，或通考诸史，或专考一史，或仅考一史中的某一部分，皆能摭拾遗佚，博采群书，属辞比事，刊误释疑。他们辛勤的劳绩，自然是中国学术史上一笔很大的遗产。但是对于史料辨证，清代的学者，也还没有做完，而且也不见得做得尽对；因而还留下不少的问题，等待我们来解决。

以史料的范围而论，清代学者所考证的史料，只是中国史料中的一半，即文献上的史料；至于考古学上的史料，则做得非常不够。这固然是因为当时许多考古学的史料，如新、旧石器文化遗物、甲骨文及汉晋简牍等尚未发现，同时也是因为他们还不认识地下出土的史料之价值。因为在当时并不是完全没有考古学的资料，如殷周之彝鼎、两汉之石刻画像，早已呈现在当时学者之前，但均未被引用为考证古史的资料。

认识考古学上的史料，不是一件容易事情。因为考古学上的史料，和矿石一样，是混在岩石里面的，没有发达的选矿学的知识，即使摆在眼前，也是不能认识的。例如

① 考证书志之例，如孙渊如《史记天官书考证》、梁曜北《汉书人表考》、汪远孙《汉书地理志校本》、李赓芸《汉书艺文志考误》、钱坫《续汉书律历志补注》、章宗源《隋书经籍志考证》、张宗泰《新唐书天文志疏证》。

以殷周青铜器物而论，自汉至唐，即偶有发现，但当时之人，不以为史料，而以为神瑞。北宋以后，青铜器物出土更多，学者虽释文考字，但亦未以为史料，而以为玩赏。又如古代简牍，在两晋、南齐、北宋，都有发现；但当时学者不知这是一种珍贵史料，以致散失。今日所存之汲冢遗书，除《周书》或有一部分简牍遗文，其余《穆天子传》、《竹书纪年》，大半都是伪托之书。又如殷墟出土的甲骨文，当发现之初，有些头脑顽固的学者如章太炎，硬说是古董商人假造的。又如晚近以来，中国各地先后发现之新、旧石器时代的遗物，虽然已被中外考古学家确证为中国史前时代的文物，但有些学者至今还表示怀疑。从这里，我们对于清代学者之不知道利用考古学的资料去辨证文献上的史料，是不足奇怪的。

即因不知道利用考古学上的资料及没有考古学的发现做资料去考证史料，所以清代学者的考据学，就只是拘束在文献的部门之中。他们使用的方法，也就是以文献考证文献，即以甲书上的史料辨证乙书上的史料，以真书上的史料订正伪书上的史料，以各书上一般的通论，指斥某一书上独特的异说。这种方法，用以有史以后的史料之考证是可以的；若用于史前史的资料之考证，那就无异以伪辨伪，以疑证疑，结果，还是疑伪。所以清代学者对史前史料的考证，结果只是在神话传说中兜了一些圈子，弄得头昏目眩而一无所得。即对于殷周史，也大半是徒劳无功。至于秦汉以下的史实考证，跟着汉晋木简、唐人写经，以及汉代石刻画像等之发现和其他史籍以外的诸文献之广泛的引用，也有许多要被修正、被补充的地方。

即以文献考文献而论，清代学者也没有考完。例如从他们对诸史之书志考证看来，大半侧重于地理和艺文，其他书志，如天文、律历、人表，虽亦间有考证，但不甚多；至于有关社会经济之食货志，有关阶级抑压之刑法志，有关风俗习惯之舆服志，则绝无考证。此外，包含在历代文艺作品中之最足以反映各时代人民要求的史料，也没有当作史料，被提炼出来。

晚近以来，对于考古学上的史料之考证，已经有了相当的成就，但也不是到了我们就没有事情可做。例如若干青铜器物的时代，尚待考证；若干甲骨文字的字义，尚待训释；若干汉代的石刻画像，尚待说明；所有的汉晋木简、唐人写经，尚待整理和考释。特别是新、旧石器时代的文化遗物，如古人类、古生物的化石，骨角器物，研磨石器和彩陶等，都需要我们做详细而精密的科学研究，才能变成史料。

因此，我们现在对史料考证的任务，是一面批判地接受清代学者对文献上的史料之考证的成果；另一方面，又要开辟一种新的考据学，进行对考古学上的资料之考证。

用现在既存的考古学的资料，去衡量清代学者考证过的史料，使考古学的资料与文献上的资料结合为一，然后史料的考证，才算达到最后的完成。

五　史料的搜集整理与统计学、逻辑学及唯物辩证法

完成了以上的工作，我们才能开始搜集史料。搜集史料最好用作笔记的方法，把自己所要搜集的史料，从原书上一条一条摘录下来，并于摘录的文句之下，注明原书的书名、篇章及页数，以备应用时查考。这种方法，清代的学者多曾应用。如顾亭林的《日知录》，钱大昕的《十驾斋养新录》，陈澧的《东塾读书记》，都是从各种书上摘录下来的史料搜为巨著。

抄录史料是一种拙笨的方法，但是做学问就是一种拙笨的事业。固然，我们可以在原书上做个记号或夹一纸片，等到要用的时候再直接抄录下来；但有时这种记号和纸片会逸出我们记忆之外的。这正如一个建筑工程师对于他的建筑材料，固然可以用到什么材料再去找什么材料，但总不如把他所需要的材料在开始建筑之前完全准备齐全，然后有计划地分配他占有的材料，开始他的建筑。

搜集史料不要东抄西袭，假如我们知道某几种书上有

我们所需要的史料，最好是一本一本书从头到尾一字不放松地去搜查。因为也许我们所需要的史料就在我们放松的那一页，或者就是我们放松的那个字。

搜查一本书，可以作一次搜查，这种方法就是不管史料的性质，只要是我们所需要的史料，就毫无遗漏地把它们抄下来。抄下之后，才来分类整理。但我以为搜查的方法，最好是依史料的性质分作若干次进行。例如第一次，搜查经济史料；第二次，再搜查政治史料；第三次，再搜查文化思想史料。这样依次搜查的方法有两种好处：第一，它可以使我们的注意力，完全集中到一点。比如我们搜查经济史料时，要把全力注意经济史料，对于政治和文化思想的史料，暂时不管；反之亦然。这样，就会养成我们的专注力，使我们所注意的史料，在我们面前浮凸出来。第二，可以使我们在搜集某种史料的当中，同时得到与这一史料有关之各方面的知识。比如我们搜集经济史料时，把政治和文化思想史料搁在一边，我们就可以分出注意力来注意与经济史料有关的事项。此外，这种分次搜集下来的史料，不必经过整理，自然就有它的系统。这样一次一次地搜查下去，笔记起来，则这本书便被我们完全拆散，而其中所含的史料，也就在我们的笔记中分别归队了。一种书如此，第二种书以至无数种书都是如此，积而久之，我们抄录的史料便日益丰富。

史料的搜集，也不是一件容易事情，它需要有认识史料的能力。我已经说过，史料，特别是考古学的史料最难认识。不但考古学的史料如此，文献上的史料也是一样。特别是文艺作品中所含的史料，有时只是描出一条灰暗不明的阴影，我们需要从那些阴影中去寻找反映。

不仅文艺作品中的史料如此，即保存在所谓正史上的史料，也不是完全可以从正面看得出来的；但在它们的反面或侧面，却往往暗示出一种重要的历史内容。我们若是把这种有暗示性的史料放弃了，那便是重大的损失。

举几个例子，如《史记·秦始皇本纪》载，三十六年，东郡人刻石云："始皇帝死而地分。"同年，华阴人又遮使者曰："今年祖龙死。"在这两条史料的正面，并没有什么重大的意义；但在它们的反面，却暗示出当时人民对于专制暴君的痛恨达到恶之欲其死的程度，同时也暗示出当时的贫苦农民对土地之渴望。又如同纪记始皇派徐福等入海求蓬莱仙药事，这在正面看来，不过是迷信的记录；而在反面，却暗示出当时的商业发展，已在开始寻求海外市场。又如《汉书·张骞传》记张骞在大夏见邛杖。在正面看来，不过是张骞记其所见；但在侧面，则暗示出在张骞通西域之前，四川和中亚已有直接或间接的交换关系，而其商路则经由今日之缅甸、印度。又如《史记·项羽本纪》载鸿门之宴，刘邦献项羽白璧一双，献范增玉斗一双，这在正面看来，也很平常；但在侧面却暗示出大掠阿房宫的正犯不是项羽，而是刘邦。因为，白璧、玉斗，绝非一个亭长家里所能有的，一定是从阿房宫中偷窃的赃物。像这一类具有暗示性的史料充满了历史文献，只要我们耐烦去找，到处都可以碰见。

还有一种史料，个别看来，没有什么意义；要综合起来，才能显出更大的价值。又有一种史料，综合看来，没有什么意义；要分析起来，才有更大的价值。再有一种史料，片面看来，没有什么价值；要比较看来，才能显出更大的意义。我们若是因为不注意而把这一类的史料失掉了，那也是一个很大的损失。帮助我们搜集这一类史料 的是统计学。

例如史籍上常有关于天灾的记录，这些记录，若是个别的看来，它们所表现的不过是某年大水，某年旱蝗，某年河决、地震、霜雹、疠疾等片断的史实；但是，若把某一朝代的天灾记录依其发生的先后类聚起来，则它们所显示出来的，便不是片断的史实，而是这一朝代中天灾流行的大较形势，即某一时期天灾最多、某一时期天灾较少，某一区域天灾最大、某一区域天灾较小之综合的说明。这种综合的天灾记录，就能帮助我们了解某一朝代中社会经济和人民生活的状况之变迁。

又如黄河决口，历代史籍皆有记录。这些记录若个别看来，只是报告某年某月黄河在某处决口之片断的史实。近人张了且氏著《历代黄河在豫泛滥纪要》一文，把这一类的史料依其先后类列起来，于是这种综合了的史料所表示的，便不是片断的史实报告，而是历代黄河决口的次数。计西汉七次，东汉一次，魏一次，晋一次，唐十二次，五代十二次，宋（金）七十一次，元六十一次，明一百二十一次，清七十三次，共泛滥三百六十次。从这里，我们可以看出自汉至唐一一〇五年间，黄河泛滥不过二十二次；自五代至清一〇一一年间，黄河泛滥竟有三百三十八次。从这种数字的排列，我们就可以对于黄河的泛滥得到一个总括的概念，即自五代以后，黄河在豫的泛滥日益频繁。

又如自魏晋以降，迄于隋唐，中国的僧侣之前往印度学习佛典者，代有其人。这种史料，个别看来，不过是一些无关大局的个人行动。但是梁启超氏却把这些无关大局的史料类集起来，写成了一篇文章，叫做《千五百年前之中国留学生》。在这篇文章中，他考出自三世纪后半（三国）至八世纪前半（唐末）这四个半世纪中，中国僧侣之前往印度者，总数达二百人左右。其中三世纪后半二人，四世纪五人，五世纪六十一人，六世纪十四人，七世纪五十六人，八世纪前半三十一人。经过这样的综合，于是以前无关大局的片断史料，现在便显示出一种重要的历史内容，即自南北朝至唐，是佛教文化输入中国最繁盛的时代，亦即中印文化交流最发达的时代。

其次，说到必须分析才有意义的史料。例如《汉书·地理志》载平帝元始二年时中国的人口总数为一千二百二十三万三千零六十二户，五千九百五十九万四千九百七十八口。这个笼统的数字，实在没有很多的意义。但是我们若把当时各郡国的人口分别观察，则知当时的人口，大半集中于黄河流域，而尤以今日山东、河南接壤之处，最为密集。当时在司隶校尉之外，全国分为十三部，而司隶校尉及豫、冀、兖、青、徐五部，占地不过八分之一，而人口则占全国总数百分之六十八以上。从这里，我们就知道在西汉时，中国的经济中心是在黄河流域，而长江流域仍然是地广人稀。

最后，说到必须比较才能显出更大价值的史料。还是以人口数字为例。如《通典》载三国时，人口总数为一百四十七万三千四百二十三户，七百六十七万二千八百八十一口。单从这个史料的本身看来，不过是三国人口总数的记录。但是，我们若把这个数字与东汉桓帝时人口数字（一千零六十七万七千九百六十户，五千六百四十八万六千八百五十六口）比较，则两种数字相减之差，就显出了另一新的历史内容，即三国时人口较之东汉末叶的人口，已经减少了十分之九，而其减少之绝对数字，则将近五千万人。这一个巨大的人口减少的数字，就说明了东汉末年大混战、大饥馑、大疠疫、大流亡所加于社会的破坏。

假如我们用这样的方法，把中国历史上各朝代的物价、田赋、官俸、垦地等的数字都计算出来，相互类比，则许多枯燥无味的数字，都会变成极有价值的史料。

总之，我们要运用各种方法，把史料从原书中钩索出来，从正面看不出来的，从反面看，侧面看；从个别看不出来的，从综合看；从笼统看不出来的，从分析看；从片面看不出来的，从类比看。这样，我们便能网罗所有的史料了。

但是我们从各种书上搜集的史料还是一盘散沙，如果说它们也有系统，那只是被归纳在各种书名之下，即以原书为标题之史料的类聚，如《汉书》上的史料，《晋书》上的史料等。这些史料，都各依来源而自为一束。

现在，我们要开始史料的整理工作了。最初的整理，就是用初等的逻辑方法，把从各种书中搜集来的史料，不依其来源，而依其性质，再为类别。比如我们先立定经济、政治、文化三大类，然后把各种来源不同的史料，分别归纳于这三个类别之中，于是以前各为一束的诸书史料，现在便在各种类别之下，混而为一了。这一分类，就泯除了史料来源的界限，突出了史料的性质。

但是，这种突出来的史料性质，还是一般的性质。为了显出史料的多样性，史料的分类愈细愈好。比如经济一类，又再分为农业、手工业、商业；政治一类，又再分为政权性质、政治机构、政权的发展及其没落、种族关系、国际关系等等；文化一类，又再分为哲学、科学、文学、艺术、宗教等等。然后把已经归纳到经济、政治和文化三大类中的史料，又再依其特殊的性质，而分别归纳于各小类之中。在小类之中，又再分小类。比如农业一类，又再分为土地所有的关系、耕种方法、技术、水利、地租、赋役等等，而将归纳在农业一类的史料，依其性质，再分别归纳于更小的类别之中。农业如此，其他各小类亦如此。这样大类之中分小类，小类之中再分更小的类别，一直分到不可再分为止，于是，以前千头万绪、纷然杂陈的一片灰色的史料，现在便在大的类别之下显出了它们的一般性，小的类别之下显出了它们的特殊性。

经过分类整理之后的史料虽然已经变成条分缕析的小组，但因为这些史料是来自不同的书籍，时代的关系，多被错乱。这就是说，它们虽然是说明同一史实，如西汉的种族关系；但西汉有二百余年，二百余年中的种族关系有很多变化，汉武以前与汉武以后就有大大的改变，因而某几条史料是记录某一时间的西汉种族关系，就必须判明。对种族关系如此，对其他的类别亦如此。这样，我们在史料分类以后，便要进行史料的分节，即把每一组的史料依其所特征的史实之先后加以再编制，使之成为时间的系列。经过这种再编制，则史料所突出来的便不仅是它的性质，而且也是它所说明的史实之发展过程了。

经过了时间分节以后的史料，并不是就没有问题；因为其中有若干条是完全雷同的，有若干条是小有差异的，甚至有若干条是截然相反的。对于这样的史料，我们又要加以类集，使它们各为一群。雷同的是没有问题的，小有差异或截然相反的就要运用考据学的方法，进行辨证的工作，找出它们所以差异与相反的缘故。这样，史料中的矛盾和分歧又完全解决了。

最后，还有一个最重要的工作，就是从史料中抽出历史原理。进行这种工作，就需要唯物辩证法的帮助。最初，是把各组史料加以提炼，由一千条史料中抽出一百条，一百条中抽出十条，十条中抽出一条，这一条，就是一千条史料中提炼出来的精髓。再把这一条史料的精髓放在科学高温之下加以蒸发，于是这条史料便汽化而为历史原理。

对某一类史料如此，对其他各类史料也是如此，于是以前的一些史料小组，现在遂升华而为若干条历史原理了。再把这些原理加以辨证的综合，使之在更高的抽象之上化合为一，这就是历史的法则。

有了这种历史法则，我们又倒回来用这种法则去贯串史料，于是这种体化于法则中的史料再不是陈死的、片断的史料，而是生动的、整然的历史了。

（上海《中华论坛》二卷三期，
1946 年 10 月 1 日出版）

论司马迁的历史学

一　司马迁的传略

中国之有文字的历史记录，早在殷周时代。甲骨上的刻辞，钟鼎彝器上的铭文，都是历史记录。春秋战国之际，儒墨并起，百家争鸣，其所著述，亦多称引远古的传说神话，以自实其说。《尚书》、《国语》、《战国策》之类的著作，且已接近于有系统的历史记录。以后又有《世本》，录“黄帝”以来至春秋时帝王公卿大夫的世系所出。更后又有《楚汉春秋》，记楚、汉之间的史实。但这些著作，或纪年为录，或分国为史，或仅记世系，或截录断片，皆系支离断烂的著作，并未构成一个整然的历史系统；而且写著的方法，亦无一定的成规。至于诸子的著作，则不过借史料以为其立论之根据或例证而已，更无所谓体例。所以我说汉以前，写著历史，尚不成为一种专门的学问。写著历史之成为一种专门的学问，即所谓历史学，在中国，是创始于天才的史学大师司马迁。

司马迁，字子长，左冯翊夏阳人（今陕西韩城）。生于汉景帝中元五年（公元前 145 年），卒年不详。但从他的著作中，可以看出，他在武帝后元年间，尚在人间。例如《史记·高祖功臣侯年表》中书征和者二，后元者一；《惠景间侯者年表》中，书征和者一，后元者三。按后元为武帝最后的年号。后元共二年，其第二年为公元前 88 年。据此，则司马迁至少活到公元前 88 年，其年寿约六十岁。

司马迁出生于一个世家的家庭。据他自己在《史记·自序》中考证，他的始祖是传说中“颛顼”时代的“重黎氏”。“重黎氏”自颛顼历唐、虞、夏、商之世，皆“世序天地”。到周宣王时，“重黎氏”才失其“天地之守”，而为司马氏。司马氏在周代“世典周史”。司马氏出于“重黎氏”的说法，不可信，这大概是司马迁的推想，而其动念，则以“重黎氏”在传说中为“星历”之官。司马氏为“文史”之官，在中国古代“文史”与“星历”不分，故有是说。

《自序》中又说当周惠王、襄王之间，“司马氏去周适晋”。以后分散，或在卫，或在赵，或在秦。司马迁的直系祖先，就是在秦的一支，其徙秦的始祖，即司马错，这大概是可靠的。

《自序》中又历述司马错的子孙，以至于他自己。他说错孙靳：“靳与武安君阬赵长平军，还而与之俱赐死杜邮，葬于华池。靳孙昌，昌为秦主铁官。”“昌生无泽，无泽为汉市长。无泽生喜，喜为五大夫。卒，皆葬高门。喜生谈，谈为太史公。”

司马谈就是司马迁的父亲，他是一位学问渊博的史官。他不但记忆许多历史掌故，而且精通天文、历算及诸子百家的学说。《自序》中说他曾“学天官于唐都，受易于杨何，习道论于黄子”。司马谈正撰次旧闻，准备写一部史记，不幸于元封元年，因为汉武帝举行祭泰山的大典，即所谓封禅（封为山顶之祭，禅为山麓之祭），没有带他同去，他认为这是一个莫大的耻辱，于是气愤而死。

司马迁生当西汉隆盛的时代。这时，汉武帝正在胜利地经略边疆的伟业。东至今日之朝鲜，南至今日浙、闽、粤、桂以至安南，西南至今日之黔、滇，西至今日之新疆乃至中亚，都已经划入西汉帝国的版图。只有对北方的匈奴，还没有完全胜利，因此战争在西北仍然继续进行。司马迁亲眼看到当时中国的人民暴骨沙漠，亲眼看见当时四裔诸民族稽颡汉廷。汉武帝的历史创造，当然也就开拓了司马迁的历史心胸，他可以看到他以前的人看不到的历史活剧，听到他以前的人听不到的外来传说。

司马迁又生在一个史官的家庭，据他在《自序》中说：“天下遗文古事，靡不毕集太史公。”所以他便有优先的机会，去接近中国古典的历史文献。《自序》中说“年十岁则诵古文”。

在司马迁的当时，西汉政府正在高唱“崇儒术，黜百家”的口号，执行文化思想的统制政策；但司马迁却于诸子百家的学术，无所不看。他对于诸子百家，甚至当时尊为正统的儒家学说，都有批判；唯独对于道家的学说，则赞美尽致。他在《史记·自序》中引其父《论六家要指》曰：

《易·大传》：天下一致而百虑，同归而殊涂。夫阴阳、儒、墨、名、法、道德，此务为治者也。直所从言之异路，有省与不省耳。尝窃观阴阳之术，大祥而众忌讳，使人拘而多所畏；然其序四时之大顺，不可失也。儒者博而寡要，劳而少功，是以其事难尽从；然其序君臣父子之礼，列夫妇长幼之别，不可易也。墨者俭而难遵，是以其事不可偏循；然其强本节用，不可废也。法家严而少恩；然其正君臣上下之分，不可改矣。名家使人俭而善失真；然其正名实，不可不察也。道家使人精神专一，动合无形，赡足万物；其为术也，因阴阳之大顺，采儒、墨之善，撮名、法之要，与时迁移，应物变化，立俗施事，无所不宜，指约而易操，事少而功多。

从这里可以看出司马迁的思想，颇受道家的影响。所以后来班固批评他，说他“论大道，则先黄老而后六经”，其思想“颇缪于圣人”，“此其所蔽也”。①

司马迁在少年时就喜欢游历。他不是无目的漫游，而是为了纵观山川形势，参察风俗，访问古迹，采集传说。《自序》中说他年“二十而南游江、淮，上会稽，探禹穴；窥九疑，浮于沅、湘；北涉汶、泗，讲业齐、鲁之都，观孔子之遗风。乡射邹、峄，戹困鄱、薛、彭城，过梁、楚以归”。又在《五帝本纪·太史公曰》中说：“余尝西至空桐，北过涿鹿，东渐于海，南浮江、淮矣。至长老皆各往往称黄帝、尧、舜之处，风教固殊焉。”

司马迁曾做过汉武帝的郎中，并曾一度“奉使西征巴、蜀以南，南略邛、笮、昆明”。元封元年，回京复命。适武帝已赴山东，祭泰山；他的父亲，又病在洛阳，“发愤且卒”，因往见父于河、洛之间。《自序》中云其父执其手而泣曰：

余先，周室之太史也。自上世常显功名于虞夏，典天官事。后世中衰，绝于予乎！汝复为太史，则续吾祖矣。今天子接千岁之统，封泰山，而余不得从行，

① 《汉书·司马迁传》。

> 是命也夫，命也夫！余死，汝必为太史；为太史，无忘吾所欲论著矣。……
>
> 幽厉之后，王道缺，礼乐衰。孔子修旧起废，论《诗》、《书》，作《春秋》，则学者至今则之。自获麟以来，四百有余岁，而诸侯相兼，史记放绝。今汉兴，海内一统，明主、贤君、忠臣、死义之士，余为太史而弗论载，废天下之史文，余甚惧焉，汝其念哉！

司马迁俯首流涕，接受了父亲的遗命。曰：“小子不敏，请悉论先人所次旧闻，弗敢阙。”其父卒三岁（元封三年，公元前 108 年），司马迁被任为太史令，时年三十八岁。

司马迁继任太史令后，一面整理其父遗稿，即所谓“先人所次旧闻”；另一面，又博览皇家图书馆的古书，即所谓“紬史记石室金匮之书”。编列纲领，树立规模，经过了五年之久，至太初元年十一月（公元前 104 年）才开始《史记》的写著，时迁年四十二岁。

又五年（天汉二年，公元前 99 年），而司马迁遭李陵之祸。关于李陵之祸，据《汉书 · 李陵传》载，李陵系李广之孙，少为侍中建章监。李广利率大军击匈奴，武帝派李陵运送辎重。李陵不愿，求自领一军出居延，以击匈奴。武帝壮之，乃与以步兵五千。李陵即率步兵五千，深入沙漠，至浚稽山，单于以骑兵八万围之。李陵备战，终以矢尽道穷，援兵不至，降匈奴。这个消息，传到朝廷，文武百官，都谴责李陵。司马迁以李陵提步兵五千，与匈奴骑兵八万，连战十余日，纵横沙漠，所杀过半当。“虽古名将不过也。”而且看李陵的意思，“且欲得其当而报汉。事已无可奈何，其所摧败，功亦足以暴于天下”。适逢武帝以李陵事召问他，他就本着他的意思替李陵说话。他说他的动机，是“欲以广主上之意，塞睚眦之辞”。但武帝误会了他的意思，以为他把李陵投降的责任，推到统帅李广利的身上，替李陵游说。李广利是汉武帝宠姬李夫人的兄弟，与武帝有连皮带肉的关系，怎样能说他一个不字呢？所以司马迁就犯了诬上之罪，应处腐刑。在武帝时，本来有“出资者赎罪”的办法；但司马迁“家贫，财赂不足以自赎，交游莫救，左右亲近不为壹言”，结果下了蚕室，处了腐刑。实际上司马迁遭李陵之祸，真是盖天的冤枉。他在《报益州刺史任安书》中曾说到此事，其中有云：

夫仆与李陵，俱居门下，素非相善也。趋舍异路，未尝衔杯酒，接殷勤之欢。然仆观其为人，自奇士。事亲孝，与士信，临财廉，取予义。分别有让，恭俭下人。常思奋不顾身，以徇国家之急。其素所蓄积也，仆以为有国士之风。夫人臣出万死不顾一生之计，赴公家之难，斯已奇矣。今举事壹不当，而全躯保妻子之臣，随而媒孽其短，仆诚私心痛之。

由此看来，司马迁之为李陵辩护，并非受李陵之托，为之游说；而是因为他与李陵“俱居门下”，看出李陵的为人，“有国士之风”。同时又看见那些“全躯保妻子之臣”，逢迎皇帝，打击“出万死不顾一生计”的国士，所以慨然犯武帝之盛怒，主持公道。这完全是司马迁正义感的表现。司马迁的这种正义感，是他致祸之由，也是他能成为一个伟大的史学家的基本条件。

司马迁处腐刑后，汉武帝知道他并没有犯罪，所以又任为中书令，而且信任备至。这从任安要他推贤进士可以看得出来。但司马迁自遭腐刑以后，却认为是奇耻大辱，他的精神受了很大的摧残。以至“居者忽忽若有所亡，出则不知所如往。每念斯耻，汗未尝不发背沾衣也”。

中书令在武帝时，本来是以宦官充任，他主要的任务，就是传达皇帝的诏令于三公九卿。所以司马迁在《报任安书》中有曰：“今已亏形为扫除之隶，在阘茸之中。”又说，“行莫丑于辱先，而诟莫大于宫刑。刑余之人，无所比数，非一世也，所从来远矣。”

司马迁何以“就极刑而无愠色”？这就是因为他的《史记》“草创未就，适会此祸，惜其未成”。他知道他的“先人，非有剖符丹书之功，文史星历，近乎卜祝之间，固主上所戏弄，倡优畜之，流俗之所轻也”。假令他伏法受诛，“若九牛亡一毛，与蝼蚁何以异？而世又不与能死节者比，特以为智穷罪极，不能自免，卒就死耳”。又说，“仆虽怯软欲苟活，亦颇识去就之分矣，何至自湛溺累绁之辱哉！且夫臧获婢妾，犹能引决，况若仆之不得已乎！所以隐忍苟活，幽于粪土之中而不辞者，恨私心有所不尽，鄙没世而文采不表于后也。”①

自是以后，司马迁乃“自托于无能之辞”，退而著史，以终其生。《自序》中曰：

> 七年而太史公遭李陵之祸，幽于缧绁。乃喟然而叹曰：是余之罪也夫！是余之罪也夫！身毁不用矣。退而深惟曰：夫《诗》、《书》隐约者，欲遂其志之思也。昔西伯拘羑里，演《周易》；孔子厄陈、蔡，作《春秋》；屈原放逐，著《离骚》；左丘失明，厥有《国语》；孙子膑脚，而论《兵法》；不韦迁蜀，世传《吕览》；韩非囚秦，《说难》、《孤愤》；《诗》三百篇，大抵贤圣发愤之所为作也。此人皆意有所郁结，不得通其道也。故述往事，思来者。于是卒述陶唐以来，至

---

① 以上所引均见《汉书·司马迁传》引《报任安书》。

于麟止。

由此而知司马迁之著史，也是因为他“意有所郁结，不得通其道也”。而其所著《史记》，也是他“发愤之所为作也”。虽然，司马迁却并不是乱发牢骚，而是抱持着一种庄严的态度，把写著历史，当作一种神圣的事业。他在《自序》中说：

先人有言：自周公卒五百岁而有孔子。孔子卒后，至于今五百岁，有能绍明世，正《易传》，继《春秋》，本《诗》、《书》、《礼》、《乐》之际，意在斯乎！意在斯乎！小子何敢让焉。

由此看来，司马迁之写著历史，盖志在《春秋》。所以他在《自序》中又托为壶遂之问曰：“昔孔子何为而作《春秋》哉?”然后答曰：

余闻董生曰：“周道衰废，孔子为司寇。诸侯害之，大夫壅之。孔子知言之不用，道之不行也，是非二百四十二年之中，以为天下仪表，贬天子，退诸侯，讨大夫，以达王事而已矣。”子曰：“我欲载之空言，不如见之于行事之深切著明也。”夫《春秋》，上明三王之道，下辨人事之纪，别嫌疑，明是非，定犹豫，善善恶恶，贤贤贱不肖，存亡国，继绝世，补敝起废，王道之大者也。

余读司马迁书，想见其为人，而悲其遭遇，不觉慨然而叹曰："从来贤圣废黜，何其如此相同也。身逢乱世者，固无论矣，以司马迁生当盛汉之隆，亦不能免于无妄之灾。是知贤圣之不容于奸佞也。世无分治乱，时无分古今。司马迁'少负不羁之才'，长有四方之志，亦尝'侧身下大夫之列，陪外廷末议'；亦尝'奉使西征巴蜀以南，南略邛、筰、昆明'，何尝不思竭其材力，以效命于国家？但言之不用，道之不行，而且无罪而遭酷刑，结果，在西汉帝国大远征的大时代中，望着千军万马咆哮而过，而自己却闭门著史，垂空文以自见，述往事，思来者，安得而不愤！虽然，司马迁诚有自知之明，他深知汉武帝英而不明，只知用自己的皇亲国戚如卫青、霍去病之流，只知用豪富的商人如东郭咸阳、孔仅之流，只知用歌功颂德的文人，如司马相如之流。像他那样既富于正义感而思想又'颇缪于圣人'的学者，绝不能得志于专制独裁的皇帝之前，其不死于非刑已可谓幸事；又能留下其著作，更为大幸。到今日，司马迁已死去两千多年，他的名字，和汉武帝的名字，同样的响亮。是知事业文章，各有千秋；又知权力之可得而摧残者，人之肉体；至于精神，则可以从血泊中，放出其光彩。司马迁曰：‘古者富贵而名摩灭，不可胜记，唯俶傥非常之人称焉。’① 如司马迁者，诚为中国史上俶傥非常的人物。”

二　司马迁的历史方法——纪传体的开创

司马迁唯一的著作是《史记》。《史记》所叙述的范围，上起传说中的“黄帝”，下迄汉武之时。其内容为本纪十二篇、书八篇、表十篇、世家三十篇、列传七十篇，共一百三十篇，五十二万六千五百字。司马迁之著这部书，其用意是“欲以究天人之际，通古今之变，成一家之言”②。实际上这部书，确是中国历史学出发点上的一座不朽的纪念碑。

用本纪、世家、列传、书、表的体裁写著历史，这种历史方法，即所谓纪传体的方法。司马迁的不朽，就是因为他开创了这种前无先例的崭新的历史方法。

所谓纪传体的历史方法，即以人为主体的历史方法。此种方法，即将每一个历史人物的事迹，都归纳到他自己的名字下面。一个历史人物如此处理，所有的历史人物都

---

①②《汉书·司马迁传》引《报任安书》。

如此处理，于是从这许多个别历史人物的事迹中，显出某一历史时代的社会内容。《史记》就是用这种历史方法写成的一部汉武以前的中国古史。

在《史记》中，本纪、世家、列传，都是以人为主体而记事的。本纪记皇帝，世家记贵族，列传记官僚、士大夫等。虽作为其主题之人物的政治地位不同，但其皆以人物为记事的主体，则是相同的。或曰：在《史记》中亦有总述文物制度的“书”，及排比年代关系的“表”，这都不是以人为主体的。但我们知道，在《史记》一百三十篇中，本纪、世家、列传，共占一百一十二篇，书、表合计只占十八篇，故知《史记》是以纪传为本体；至于书，则不过是《史记》的总论，表则为《史记》的附录而已。

纪传体的历史，从今日科学的历史眼光看来，自然还是缺点甚多。这种方法最大的缺点，就是把一件史实，割裂为许多碎片，错陈于各人的纪传之中；而且同一史实，到处重复。例如司马迁下腐刑事，在《司马迁传》中必记，在《李陵传》中，也不可不提。同样，李陵降匈奴事亦然，这就是一个例子。

但是在司马迁的当时，他能开创这样一个历史方法，是值得赞叹的。因为在当时，所有的古史资料，都是一盘散沙，正像一些破砖乱瓦混在一堆，需要有一个分类的归纳，而纪传体就是一个最好的方法。司马迁能够开创这样一个方法，并且用这个方法，“协六经异传，整齐百家杂语”，把汉武以前的古史，归纳到一百多个历史人物的名下，“自成一家之言”。这如果不是有过人的史学天才，是不可能的。

近人或以为纪传体的历史，简直就等于家谱或墓志铭的汇编。诚然，司马迁的学生（班固在内）的著作，确有此种倾向；但司马迁的《史记》，并不如此。

从《史记》中可以看出，被司马迁纪传的历史人物，并不是毫无历史价值的人物；而是可以从他的历史行为中，透露出一些有关于他的历史时代之社会内容的人物。简而言之，即能特征历史时代的人物。例如他纪五帝，是因为这些神话人物可以暗示出中国史前社会的若干内容。他之传孔、孟及老、庄、申、韩等，是因为从他们的言论中，可以显示出先秦诸子学说的分派。他之传苏秦、张仪，是因为从他们的政治活动中，可以指示出战国时期的国际关系。一言以蔽之，司马迁纪传一个历史人物，至少可以从这个被纪传者身上，透露出若干历史的消息。所以当他写完了一百一十二篇人物纪传以后，汉武帝以前的中国古史，便第一次放出了光明。

司马迁为什么要把纪传体的历史，别为本纪、世家、列传，而又再益之以书、表？这不是随便的划分，而是一种严谨的部署。从这种分类，我们可以看出，他第一步是将他选定的历史人物，依其政治的或社会的地位之不同而别为三类，即以帝王为一类，贵族为一类，官僚士大夫等又为一类。然后分别为帝王写本纪，为贵族写世家，为官僚士大夫等写列传。于是把所有的破碎的、零星的史料，分别归纳于这三类的人物的名字之下，使之各成系统。但是人各一传，没有相互的联系，于是又为之书，总述这一时代社会文物制度的演变，以为纪传的总论。尚感不足，又益之以年表，排比人与人、事与事间之时代的顺序，以为附录。

司马迁之作本纪，据其《自序》中云：是为了追寻“王迹所兴，原始察终，见盛观衰”。用近代话说，就是要从王朝的更替，帝王的嬗递中，提纲挈领，表现出整个历史发展的线索。换言之，即用本纪作为全书的提纲，指明历史发展之具体的过程。

即因如此，所以本纪的任务，是要显出史实发生和发展之时间的顺序。因而本纪在体例上，虽以史实分别系于各个帝王，即以事系人。但在内容上又要将某一帝王之事，依次系于其年。换言之，本纪的作法，是既将其人之事系于其人，又要将其人之事系之以年。所以本纪，是纪传体与编年体之混体。

亦因如此，所以本纪虽为帝王的专传，但并不能详记帝王个人的琐事，只能逐年记载在某帝某王时所发生的大事；

否则，混淆了他所要显出的历史发展的大势。例如焚书坑儒，在《秦始皇本纪》中，仅记某年焚书，某年坑儒，说明甚简略；而在《李斯传》中，则叙述甚详。又如汉武帝击匈奴，在《武帝本纪》中，只记某年遣某某伐匈奴；而在卫青、霍去病及其他征伐匈奴的将领的列传中，则对于每一个战役，皆有详尽的记录。由此看来，帝王虽为本纪的主人，但帝王本人在本纪中，只是被当作一个历史时代的符号。

又因如此，所以写本纪时，对于帝王，没有选择的自由；因为他们之中的每一个人，不论善恶，都占领一个时间。圣如“尧”、“舜”，固应为之纪，暴如“桀”、“纣”，亦必为之纪；英武如秦皇、汉武，固应为之纪，昏暴如二世，亦必为之纪。总之，凡属帝王，必为之纪。

虽然，亦有例外，有名非帝王而司马迁亦为之作本纪者。如项羽，失败之英雄也；吕后，专政之母后也，司马迁并为之作本纪。何也？司马迁曰：

> 秦失其道，豪杰并扰。项梁业之，子羽接之。杀庆救赵，诸侯立之；诛婴背怀，天下非之。作《项羽本纪》。
>
> 惠之早霣，诸吕不台（怡）。崇强禄、产，诸侯谋之。杀隐、幽友，大臣洞疑，遂及宗祸。作《吕太后本纪》。

从这里我们可以看出司马迁纪项羽，是因为项羽在杀庆（宋义号庆子冠军）救赵之后，曾为诸侯所立，名虽西楚霸王，实即当时天子。在诛子婴、背怀王之后，秦已灭而汉未兴，支配这秦汉之际历史时代的，实为项羽。“天下非之”，为时人之主观；“诸侯立之”，为客观的事实。故司马迁纪之。

司马迁之不纪惠帝而纪吕后，是因为惠帝未死以前，已为虚君；及其既死，吕后实以母后而即于帝位。而且崇强诸吕，几移汉祚。在汉高既死，文帝未立的历史时代中，实际上之时代支配者，确为吕后，故司马迁纪之。

司马迁之作世家，据其《史记·自序》云：“二十八宿环北辰，三十辐共一毂，运行无穷，辅拂股肱之臣配焉；忠信行道，以奉主上，作三十世家。”

由此看来，世家所录的人物，都是接近历史动力的人物。他们对于当时的历史中心，正如列星之拱北辰，众辐之于车毂，“忠信行道”，环绕在历史中心的周围。这些人物，自然，非割据一地的贵族，即执政一时的辅相。总之，他们不是支配过某一局部的空间，便是支配过某一短期的时间。

只要是割据一地，或执政一时者，司马迁皆为之立世家。例如晋、楚、郑、赵、魏、韩等，割据一地者，有世家；萧何、曹参、陈平、周勃，执政一时者，亦有世家。礼让如吴太伯者，有世家，叛变如管、蔡者，亦有世家。周、召二公，开国之元勋也，有世家；宋微子，亡国之贵族也，亦有世家。五宗、三王，皇帝之子孙也，有世家；外戚，后妃之姻娅也，亦有世家。是知世家者，所以录贵族，记卿相者也（但有一限制，至汉高时代为止）。

然而亦有例外，有既非贵族，亦非卿相，而司马迁亦为之作世家者，如孔子，鲁之布衣也；陈涉，“甿隶之人而迁徙之徒也”，司马迁皆为之作世家。何也？司马迁曰：

> 周室既衰，诸侯恣行。仲尼悼礼废乐崩，追修经术，以达王道；匡乱世，反之于正；见其文辞，为天下制仪法，垂六艺之统纪于后世。作《孔子世家》。
>
> 桀、纣失其道而汤、武作，周失其道而《春秋》作，秦失其政而陈涉发迹，诸侯作难，风起云蒸，卒亡秦族。天下之端，自涉发难。作《陈涉世家》。

从这里，可以看出司马迁之列孔子于世家，是以孔子以经术达王道于当代，“垂六艺之统纪于后世”，在文化思想上所起的影响作用，至为宏大而悠远。司马迁之列陈涉于世家，是以陈涉首义，事同汤、武而义则“春秋”，在现实的历史上所引起的变局，至为剧烈而重大。司马迁认识了革命和文化的历史意义过于王侯卿相的权力，所以他断然列孔子、陈涉于世家。

《史记》有列传七十。《自序》中云："扶义俶傥，不令己失时，立功名于天下，作七十列传。"

从列传中，可以看出司马迁所传的历史人物，不外如次的几类。其一，以节操名于天下者，如伯夷、田横之辈。其二，以学术名于天下者，如老、庄、申、韩、孟、荀、董仲舒之辈。其三，以文采名于天下者，如屈原、贾谊、司马相如之辈。其四，以武功名于天下者，如白起、王翦、乐毅、田单、李牧、蒙恬、卫青、霍去病之辈。其五，以文治名于天下者，如管、晏、商鞅、吕不韦、公孙弘之辈。其六，曾纵横捭阖，左右天下大局者，如苏秦、张仪之辈。其七，曾养士结客、扶危救倾者，如孟尝、平原、信陵、春申四公子之辈。其八，曾风云际会，鞭笞天下者，如韩信、黥布、彭越之辈。其九，为政以德，恩泽及于人民者，如孙叔敖、子产、公仪休、石奢、李离之辈。其十，以医药方术，拯救人命者，如扁鹊、仓公之辈。此外，则为怨毒积于人民之酷吏，如郅都、宁成、张汤、赵禹之流；阿谀而无廉耻之佞幸，如邓通、韩嫣、李延年之流。这些各种各样的人物，大抵非官僚即士大夫。不论其或善或恶，或贤或不肖，其所行为，对于历史皆有其或多或少，或好或坏的影响，故司马迁皆为之传。

虽然，亦有例外，有既非官僚，亦非士大夫，而司马迁亦为之立传者。如卓氏、孔氏、任氏，市井子弟也，而司马迁为之立《货殖列传》。曹沫、专诸、豫让、聂政、荆轲，匹夫之犯上者也，而司马迁为之立《刺客列传》。朱家、剧孟、郭解，以武犯禁之暴徒也，而司马迁为之列《游侠列传》。优孟、优旃，以戏谑为事之优倡也，而司马迁为之列《滑稽列传》。司马季主，长安东市之卜者也，而司马迁为之列《日者列传》。丘子明之流，供奉宫廷之巫祝也，而司马迁为之立《龟策列传》。何也？司马迁言他之传货殖，是以其“取与以时，而息财富”。传刺客，是以其“义不为二心”。传游侠，是以其“救人于厄，振人不赡……不既信，不倍言”。传滑稽，是以其“不流世俗，不争势利，上下无所凝滞……以道之用”。传日者，是以“齐、楚、秦、赵，为日者，各有俗所用”，纪风俗也。传龟策，是以“三王不同龟，四夷各异卜，然各以决吉凶”，志迷信也。用近代话说，司马迁之传货殖、刺客、游侠、滑稽、日者、龟策，是因为从这各种各样的人物身上，可以显出历史上的社会各阶层的人民的活动，从而显出历史之各个侧面。而且这些人物的出现，本身就是一种历史的说明。

此外，司马迁又替中国四周诸民族作传，如南越、东越、朝鲜、匈奴、西南夷、大宛等均有传。这是因为这些民族，在当时与汉族都有着战争或交换的关系。

本纪、世家、列传以外，司马迁又别为八书。八书者，即礼书、乐书、律书、历书、天官书、封禅书、河渠书、平准书。司马迁为什么作八书？他说："礼乐损益，律历改易，兵权、山川、鬼神、天人之际，承敝通变，作八书。"① 由此可知八书之作，可以说是补纪传之敝。因为纪传人自为篇，割裂了社会文物制度一贯发展的系列，看不清社会文物制度"承敝通变"的大势。于是别为八书，揭事为题，类聚而条分，原始而要终。有了八书，则自社会经济基础（平准、河渠）、政治制度（礼、乐、律、历）以至天文（天官）宗教（封禅）的演变过程，莫不提纲挈领，粲然大备。所以我说，八书是《史记》的总论。

《史记》有十表。司马迁为什么作十表？他说："既科条之矣，并时异世，年差有明，作十表。"② 又在《十二诸侯年表·序》中说："儒者断其义，驰说者骋其辞，不务综其终始；历人取其年月，数家隆于神运，谱牒独记世谥，其辞略，欲一观诸要难，于是谱《十二诸侯》。"由此而知司马迁之作十表，实欲指示历史事实或人物的时间性。自十表作，于是上起"三代"，下讫汉武之间，诸侯名臣之世系年代，遂一目了然。所以我说，十表，是《史记》的附录。

①②《史记·太史公自序》。

十表在原则上，是以指示史实之具体的年代为目的；但亦有例外，例如于三代，则不纪年代，仅纪世系，而别之曰“三代世表”。又如于秦汉之际，则不仅纪年，而且纪月，又别之曰《秦楚之际月表》。是知十表中，有三种形式，即世表、年表与月表。世表最略，月表最详，而年表则为十表中之常规。

司马迁何为于三代不纪年而纪世呢？他说：“五帝三代之记尚矣！自殷以前，诸侯不可得而谱。周以来，乃颇可著。孔子因史文，次春秋，纪元年，正时日月，盖其详哉。至于序《尚书》，则略无年月；或颇有，然多阙，不可录。故疑则传疑，盖其慎也。余读牒记，黄帝以来，皆有年数。稽其历谱牒，终始五德之传，古文咸不同，乖异。夫子之弗论次其年月，岂虚哉？于是以《五帝系牒》、《尚书》集世纪黄帝以来讫共和，为世表。”由此而知年代不可得而纪者，司马迁绝不乱抄不可靠的牒记而强为之纪，以求符合于其自己的公式。

司马迁何为而于秦汉之际不纪年而纪月[①]呢？他说：“初作难，发于陈涉，虐戾灭秦，自项氏；拨乱诛暴，平定海内，卒践帝祚，成于汉家。五年之间，号令三嬗，自生民以来，未始有受命若斯之亟也。”即因“五年之间，号令

---

① 《秦楚之际月表》有纪年，但以事系月。

三嬗”，兴亡成败，变化急剧。当此之时，一月之事，多于一年，故司马迁不以年纪而以月纪，别作《月表》。

总上所述，因知《史记》一书，是以纪传为本体，以八书为总论，以十表为附录之一部自成系统的历史著作。

司马迁把过去零碎散乱的史料，分别归类于各人之纪传而演绎之；然后于八书中总其历史时代的背景而作归纳之叙述；最后，则于年表中，排比年代，以求从时间的关系上推求其彼此间之关联。故归纳、演绎、排比，实为纪传体历史方法构成的要素；而其表现的形式，则为纪、传与书、表。

同时，在纪传中，又以本纪为纲领，而以世家与列传演绎本纪的内容，使本纪、世家与列传，构成无形的连锁。然后再以全部的纪、传与书、表相关联。这样，就构成了纪传体历史方法之整然的体系。

在叙述方面，于纪传中，司马迁已经把眼光注射到历史上的社会之各阶层人民的形形色色的活动，注射到历史上的社会之每一个角落的民族，从社会的上层到社会的下层，从中国的本部到中国的四周，无所不纪。于八书中，他不仅注意到礼乐、律历，而且也注意到平准、河渠，注意到天官、封禅，从经济、政治乃至意识诸形态，无所不书。于十表中，他已经知道详者纪月，次之纪年，又次之纪世；从三代下迄汉武，其间诸侯将相，无不依次为表。

余读《史记》，不禁惊叹在今日两千余年前的史学家，竟能创造如此周密的方法，其头脑是何等的精细！眼光是何等的博大！

三　司马迁的历史方法二——纪传体的活用

晚近历史的研究，已经进入科学的阶段，对于纪传体的历史方法，当然不能满足。实际上，这种古典的方法，有一个最大的弊病，就是要把历史割裂为无数的碎片，令人只看见个别人物的活动，看不见人类社会的历史之全面的运动。此种弊病，虽有八书、十表，亦不能完全补救。虽然，在司马迁当时，他并不是用纪传体割裂历史；反之，而是连串历史。因为在当时，并没有整然有系统的历史著作，摆在司马迁的面前，让他去任意割裂；只有片断零碎的史料，散见于古典文献之中，等待他去编纂。纪传体的历史方法，就是为了连串这些零碎的历史资料而开创出来的。

纪传体的历史方法，有一定的公式，自然是过于拙笨。但是在这个方法的创始者运用起来，却能变而通之，神而化之。过细研究过司马迁的历史方法的人，就会知道他之运用纪传体的方法，正如骑着一匹不羁之马，纵横驰骋，无往而不适，无适而不可。

司马迁能够发明纪传体的方法，也能驾驭他自己所发明的方法。他绝不用公式来摆布历史，而是用历史去活用他的公式。他唯一的活用方法，就是依据具体历史的资料而或为专篇，或为合篇。

首先，就本纪而论。本纪在原则上，是以帝王名篇，即一个帝王一篇本纪。但是司马迁于夏以前的传说时代，则五帝合为一纪。于夏，于殷，于周，则合一代的帝王，并为一纪。于秦则一代分为两纪，而两纪所分配的帝王，又不平均。于始皇以前，则合所有秦代的先王为一纪；于始皇、二世，则二人合为一纪。而始皇、二世的合纪，又以始皇为主，二世为附。自秦以后，项羽、汉高、吕后、孝文、孝景、武帝，才是一个人一篇专纪。由此而知本纪并不绳于一人一纪的公式，而有其活用之变体。

本纪何为而有此变体？非常明白，司马迁的原则，是事少者纪略，事多者纪详。事详者，则一个帝王为一纪；较略者，则一个朝代为二纪；更略者，则一个朝代为一纪；最略者，则五帝合为一纪。五帝者，即特征中国史前社会中某一阶段的五个神话人物，所以五帝合为一纪，就是把整个史前时代合为一纪。

司马迁说过，“五帝三代之记尚矣”①。“尚矣”就是遥

① 《史记·三代世表》太史公曰。

远的意思。当时对于遥远的古史，虽已有传说，但据他实地考察的结果，各地所传不同。当时学者虽已多称五帝，百家虽亦曾言“黄帝”，但“其文不雅驯，荐绅先生难言之”，而“儒者或不传”①。司马迁对于当时流传之古史的传说，完全抱着怀疑的态度，所谓“疑者传疑，盖其慎也”。他于其所致疑者，皆曰“尚矣”；曰“不可纪已”②；曰“靡得而记云”。例如他考历法，则曰：“神农以前尚矣。”考龟策，则曰：“唐虞以上，不可记已。”③ 考平准，则曰：“自高辛氏之前尚矣，靡得而记云。”④ 考诸侯世系，则曰：“殷以前尚矣。”如果要他相信，除非与古文相合。他说：“总之，不离古文者近是。”他说：在古文中，虽然“书缺有间矣”，而“《尚书》独载尧以来”，是以虞、夏之文，尚可知也。至于虞、夏以前，则于传说中，“择其言尤雅者”⑤以为史料。因为史料不多，所以于整个史前时代，并为一纪。

至于夏、殷的史料，孔子已不能考。孔子曰：“夏礼吾能言之，杞不足征也；殷礼吾能言之，宋不足征也。”⑥ 自

---

① 《史记·五帝本纪》太史公曰。
② 《史记·历书》太史公曰。
③ 《史记·龟策列传》太史公曰。
④ 《史记·平准书》太史公曰。
⑤ 以上所引均见《史记·五帝本纪》太史公曰。
⑥ 《论语·八佾》。

孔子至司马迁，其间并无新的史料发现。而且经过秦始皇一度焚书，故孔子之所不得而征的史料，司马迁亦不能征之。因此，司马迁对夏、殷两纪，仅就传说，录其世系，而不纪年。若周代史料，虽有《诗》、《书》可征，然史料亦简略；且自共和以前，年代尚不可纪，何况其详？所以司马迁于夏、于殷、于周，皆并一代的帝王为合纪。

秦之先世，出自西羌，春秋时，尚不与于中国之盟会。其时代既属远古，而活动范围，又僻在西陲，亦无详细论著之历史资料，故亦并为一纪。至于始皇，则秦族已统一中国，典章制度、人物活动，其录于文书、流为传说者至多。但秦代的历史至二世，已成尾声，史实不多，不能自成一纪。所以司马迁于秦代则分二纪，其一纪，纪秦之先王；其一纪，纪始皇而附以二世。

自楚、汉之际至于汉武，则为司马迁之近代，有若干历史事实都在司马迁的眼前继续发展，耳之所闻，目之所见者，无往而非史料。当此之时，一个帝王的史料，多于夏、殷、周一代的史料，乃至整个史前时代的史料，故司马迁以一帝为一纪。由此看来，司马迁绝不略其所详，而详其所不详，以维持其一个帝王一篇本纪的公式；反之，而是依据史实的繁略，以变通其公式。

其次，说到世家。世家，在原则上，是以诸侯之始封祖先或辅相名篇，亦以一人一世家为正规。前者如于吴则以太伯名篇，于齐则以太公名篇，于鲁则以周公名篇，于燕则以召公名篇，于卫则以康叔名篇，于宋则以微子名篇，于越则以勾践名篇。后者如萧何、曹参、陈平、周勃等，皆以人名篇①，而且皆系一人一世家。但是司马迁于陈、杞、晋、楚、郑、赵、魏、韩等世家，则以其封国名篇，换言之，即并一个封国世代的诸侯合为一篇世家，是世家的写法，也有变体。

世家何为而有变体？顾名思义，我们可以想到世家的主要任务，是在叙述诸侯的世系，即对贵族作集团的描写。集团的描写，必须要有一个鲜明的主题，如某一贵族的始祖，系一有名的历史人物，则以其始祖名篇；如其始祖，来历不明，或来历虽明而无史实可记，则以其封国名篇。

例如吴之太伯、齐之太公、鲁之周公、燕之召公、卫之康叔、宋之微子、越之勾践，都是有名的历史人物，其史迹亦多流传于当时。他们有值得大书的历史价值，有可以详书的历史资料，故司马迁用以为标题，以为一篇的主干，而以其后裔附之。如此，则轻重自分，世系自明。

至于陈、杞、晋、楚、郑、赵、魏、韩等则不然，此诸国贵族的始祖，或为传说中的人物，来历不明；或来历虽明而史料简略，不能当作一个主题的人物，所以就合其

① 都以姓氏以官职或爵位名篇。

世世代代的子孙，平行叙述，合为一个世家，而以其封国名篇。

例如《史记·陈杞世家》记陈之始祖曰：“陈胡公满者，虞帝舜之后也。……至于周武王克殷纣，乃复求舜后，得妫满，封之以陈，以奉帝舜祀，是为胡公。胡公卒……”记杞之始祖曰：“杞东楼公者，夏后禹之后苗裔也。殷时或封或绝。周武王克殷纣，求禹之后，得东楼公，封之于杞，以奉夏后氏祀。东楼公生西楼公，西楼公生题公……”

《楚世家》记楚之先世曰：“楚之先祖，出自帝颛顼高阳……高阳生称，称生卷章，卷章生重黎。……吴回生陆终，陆终生子六人……六曰季连，芈姓，楚其后也。”

《赵世家》记赵之先世曰：“赵氏之先，与秦共祖。至仲衍，为帝大戊御。其后世蜚廉有子二人，而命其一子曰恶来……恶来弟曰季胜，其后为赵。”

《魏世家》记魏之先世曰：“魏之先，毕公高之后也。毕公高与周同姓，武王之伐纣，而高封于毕，于是为毕姓。其后绝封，为庶人，或在中国，或在夷狄。其苗裔曰毕万，事晋献公。献公之十六年……以魏封毕万。”

《韩世家》记韩之先世曰：“韩之先与周同姓，姓姬氏。其后苗裔事晋，得封于韩原，曰韩武子。武子后三世，有韩厥，从封姓为韩氏。”

像陈胡公、杞东楼公、楚季连之流的人物，有无其人，都大成问题，何能以之作为其世家的主题呢？他若晋之始封诸侯唐叔虞，郑之始封诸侯桓公友，赵之季胜，魏之毕万，韩之韩厥，虽来历较明，但史迹甚少，故亦不能以之名篇。

或曰，陈、杞不说，但晋献公、楚文王、赵简子、韩康子、魏桓子，都是有名的历史人物，何以不以其人为其世家的标题呢？但是我们知道以上诸人，都不是始封的诸侯，他们都是发迹于中世，若以中世的诸侯为其世家的主题，则首尾倒置，先世不明。故虽系有名的历史人物，亦不能以之为主题。

在世家中除以封国为单位合为一篇者，又有以血统为单位合为一篇者，如《五宗世家》、《三王世家》，就是例子。此外又有合两个封国而并为一篇者如《陈杞世家》、《荆燕世家》，就是例子。

最后，说到列传。司马迁写列传，更表现了他对方法运用的活泼。如前所述，他首先把他所选定的列传中的人物，不管异代同时，先依其人的性质，类而别之，为若干组。然后再次其先后，别其轻重，定其主从，或作专传，或作合传。

在《史记》列传中，我们可以看出凡司马迁作专传的历史人物，大概不是他认为这个人物之事迹独特，没有可以与他类聚的；便是这个人物史实丰富，非专传不能详其平生。如伍子胥、商鞅皆作专传，就是因为他们的事迹独特。如孟尝君等四公子，本为同一类型的人物，可以为合传；韩信、彭越，也是同一类型的人物，可以为合传；乐毅、田单等也是同一类型的人物，可以为合传；但都不作为合传而各为专传，这就是因为他们的史实丰富。把这些人独立起来，作一专传，而将与他们有关的若干史实和人物，附丽在他们的专传中，则可以透露一个历史侧面。若与人合传，反而失去了叙述的重心，所以宁为专传，不为合传。

《史记》中的合传，也有各种各样的体裁。有两人平等并列，合为一传者；有多人平等并列，合为一传者；有以一人为主，一人为从，合为一传者；有以二人为主，多人为从，合为一传者。不论怎样合法，要之，凡合为一传的人物，非其性质相同，即其历史行动有相互的关系。

两人平等并列为一合传者，如管、晏合传，孙武、吴起合传，屈原、贾谊合传，扁鹊、仓公合传，都是因为他们的性质相同。如张耳、陈余合传，魏豹、彭越合传，都是因为他们的历史行动，有相互的关系。

多人平等并列合为一传者，如老子、庄子、申不害、韩非合传，是司马迁以为他们同是道家。仲尼弟子七十七人合传，是因为他们同是儒家的门徒，而又同时并世，在生活上有其相互的关系。此外刺客、循吏、儒林、酷吏、游侠、佞幸、滑稽、日者、龟策、货殖之各为合传，而且这些合为一传的人物，又生不同时，这就是因为他们是同一类型的人物。

以一人为主、一人为从而合传者，如伯夷传而从以叔齐，是以其为兄弟，而又同以身殉于殷朝。以二人为主多人为从而合传者，如孟轲、荀卿合传，而从以淳于髡，慎到、驺奭，这是因为他们同是战国时代的学者。又如卫青、霍去病合传，而从以公孙贺、李息、公孙敖、李沮、张次公、苏建、赵信、张骞、李蔡、曹襄、韩说、郭昌、赵食其、荀彘、路博德、赵破奴，这是因为他们都是武帝时代北击匈奴、远征西域的将领。

此外，在列传中，尚有以民族名篇者，如南越、东越、朝鲜、匈奴、西南夷、大宛等传，这是司马迁以为他们都是蛮夷。实际上，司马迁当时，虽然这些四周诸民族与大汉帝国都有或多或少的关系，但对于他们民族内部的情形，还是不大明了。例如他对西南夷的君长，仅能说，“以什数”，至于他们内部的人物活动，更不知道，所以不能写出民族人物的列传；只有以民族为单位，写出其民族的集团活动。如果南越尉佗，不是司马迁所云是真定人，那么，在《史记》中，就有一篇民族人物的列传了。

总上所述，我们可以看出，司马迁之运用纪传体的方法，是何等的活泼！他就是用这样的方法，写成了一部有名的《史记》。即因他在纪传与纪传之间，建立了一些无形的关系，所以《史记》，拆开看，是许多个人的历史；合拢来看，简直是一部汉武以前的中国通史。

四　司马迁的历史批判——“太史公曰”

司马迁的不朽，固在于他开创了一种新的历史方法；同时，也在于他所写的《史记》不是一部人物传记的汇编，而是一种富有灵魂的著作。换言之，《史记》不是一部死板的记述的历史，而是一部生动的批判的历史。

从《史记》中，我们到处都可以看到司马迁在大胆地进行他的历史批判。他敢于指斥帝王，贬抑权贵；敢于歌颂“叛逆”，同情贫弱。一言以蔽之，他敢于揭发历史的黑暗，抨击人类的罪恶。他带着一支秃笔，走进中国历史学的领域，用他敏锐的眼光，正义的观感，生动的笔致，沉重的语言，纵横古今，褒贬百代。在他的笔底，不知有若干黜废的贤圣、失败的英雄、侠义的豪杰、市井的浪人，放出了光彩；在他的笔底，不知有若干暴虐的帝王、荒淫的贵族、残酷的官吏、货殖的豪富，现出了原形。

司马迁执行他的历史批判，有各种形式，概而言之，不外四种。一用标题，二用书法，三于叙述中夹以批判，最后而又是最重要的，则为各篇之后的专评，即“太史公曰”之下的文章。“太史公曰”，就是司马迁设计的历史审判的法庭。

用标题执行批判的例子，前已略论。例如列项羽于本纪，就是尊项羽为帝王。列孔子、陈涉于世家，就是崇孔子、陈涉为王侯。纪吕后而缺惠帝，并非抹煞惠帝，而是所以深罪吕后之专国。又如在列传中，对于一般的人物列传，都以其人之名标题；而独于刺客、循吏、儒林、酷吏、游侠、佞幸、滑稽、日者、龟策、货殖，则以其人之行为标题，这就是提示作者对以上各类人物的态度，暗示抑扬之意。

用书法者。如书孔丘则不名，曰：“孔子，生鲁昌平乡陬邑，其先宋人也。”书孟、荀，则直称其名，曰：“孟轲，邹人也。”“荀卿，赵人。”同样，书老、庄亦不名，曰：“老子者，楚苦县厉乡曲仁里人也。”“庄子者，蒙人也。”书申、韩，则直称其名曰：“申不害者，京人也。”“韩非者，韩之诸公子也。”书孙武，则在名与不名之间，曰：“孙子武者，齐人也。”书吴起，则直称其名曰：“吴起者，卫人也。”像这样的书法，正是不说话的批判。他之不书名，是表示他对于其人的最大尊崇。书名，是表示他对于其人并不如何尊崇。

《史记》中有于叙事中，夹以批判者。如《平准书》末载卜式言曰：“县官当食租衣税而已。今弘羊令吏坐市列肆，贩物求利。亨弘羊，天乃雨。”《王翦列传》末载论曰：“或曰：‘王离，秦之名将也，今将强秦之兵，攻新造之赵，举之必矣。’客曰：‘不然，夫为将三世者必败。必败者何也？以其所杀伐多矣，其后受其不祥。今王离已三世将矣。’”《刺客列传·荆轲传》末载鲁勾践之语曰：“嗟乎！惜哉！其不讲于刺剑之术也，甚矣！吾不知人也。曩者，吾叱之，彼乃以我为非人也。”《晁错列传》末载邓公对景帝之语曰：“夫晁错患诸侯强大不可制，故请削地以尊京师，万世之利也。计画始行，卒受大戮，内杜忠臣之口，外为诸侯报仇，臣窃为陛下不取也。”《田蚡列传》末载武帝谓丞相田蚡曰：“君除吏已尽未？吾亦欲除吏。”又曰：“君何不遂取武库！”这些，都是借用他人的言语，在叙事中兼示批判。

此外，亦有用自己的言语，在叙事中顺便批判者。如《卫青列传》中有曰：“大将军为人，仁善退让，以和柔自媚于上，然天下未有称也。”《平准书》中有曰：“当是之时，网疏而民富，役财骄溢，或至兼并；豪党之徒，以武断于乡曲；宗室有土，公卿大夫以下争于奢侈；室庐舆服僭于上，无限度。物盛而衰，固其变也。”

以上都是一种暗示。更有于叙事中直指者。如《冯唐列传》云：“唐时年九十余，不能复为官，乃以唐子冯遂为郎。遂字王孙，亦奇士。”《外戚世家》云：“卫皇后，字子夫，生微矣。”以上不过略举数例而已，此种批判的言语，充满《史记》各篇。

最后说到“太史公曰”。“太史公曰”是司马迁负责的批判，也是《史记》一书的灵魂。司马迁在这里，“贬天子，退诸侯，斥大夫”，“别嫌疑”，“明是非”，“善善，恶恶；贤贤，贱不肖”。执行他对历史人物的批判。

关于“贬天子”者，例如司马迁对秦始皇、二世，都有不好的批评。他借贾谊评秦始皇之语曰：“于是废先王之道，焚百家之言，以愚黔首；堕名城，杀豪俊，收天下之兵，聚之咸阳，销锋铸鐻，以为金人十二，以弱黔首之民。……秦王之心，自以为关中之固，金城千里，子孙帝王万世之业也。秦王既没，余威振于殊俗。陈涉，瓮牖绳枢之子，氓隶之人，而迁徙之徒……蹑足行伍之间，而倔起什伯之中，率罢散之卒，将数百之众，而转攻秦。斩木为兵，揭竿为旗，天下云集响应，赢粮而景从，山东豪俊遂并起而亡秦族矣。……何也？仁义不施，而攻守之势异也。”①

评二世曰：“繁刑严诛，吏治刻深，赏罚不当，赋敛无度。天下多事，吏弗能纪；百姓困穷，而主弗收恤。然后奸伪并起，而上下相遁；蒙罪者众，刑戮相望于道，而天

---

① 《史记·秦始皇本纪》太史公曰引贾谊《过秦论》。

下苦之。自君卿以下，至于众庶，人怀自危之心，亲处穷苦之实，咸不安其位，故易动也。是以陈涉……奋臂于大泽，而天下响应者，其民危也。”①

司马迁不但对前代的帝王有贬辞，对本朝的帝王乃至对他的当今皇帝，亦有微词。例如在《叔孙通列传》中评汉高祖曰：“夫高祖起微细，定海内，谋计用兵，可谓尽之矣。”这就无异说，“谋计用兵”以外，一无所长。《吕后本纪》中评吕后曰：“故孝惠垂拱，高后女主称制，政不出房户。”这就无异说“牝鸡司晨，惟家之索”。《冯唐列传》中，借冯唐之语评文帝曰：“臣愚以为陛下法太明，赏太轻，罚太重，且云中守魏尚坐上功，首虏差六级，陛下下之吏，削其爵，罚作之。由此言之，陛下虽得廉颇、李牧，弗能用也。”其评景帝杀晁错之误，已如前述。

司马迁评武帝，更为大胆。他在《封禅书》中，讥讽武帝惑鬼神，求神仙，迷巫祝，信方士，甚至把自己的女儿嫁给方士，以求换取不死之药；但结果，也只是白送了一个女儿而已。在《平准书》中，他谴责武帝，因勤远略，弄得天下萧萧然，民穷财竭。结果卖官爵，发皮币，专盐铁，算舟车，税缗钱，民不堪其命。《平准书》中有曰：

---

① 《史记·秦始皇本纪》太史公曰引贾谊《过秦论》。

> 自是之后，严助、朱买臣等招来东瓯，事两越，江、淮之间萧然烦费矣。唐蒙、司马相如开路西南夷，凿山通道千余里，以广巴蜀，巴蜀之民罢焉。彭吴贾灭朝鲜，置沧海之郡，则燕、齐之间，靡然发动。及王恢设谋马邑，匈奴绝和亲，侵扰北边，兵连而不解……中外骚扰而相奉，百姓抏弊以巧法，财赂衰耗而不赡。入物者补官，出货者除罪；选举陵迟，廉耻相冒；武力进用，法严令具，兴利之臣自此始也。

司马迁亦曾退诸侯，斥卿相。例如评梁孝王曰："植其财货，广宫室，车服拟于天子，然亦僭矣。"① 评绛侯周勃曰："绛侯周勃始为布衣时，鄙朴人也。"② 评武安侯田蚡曰："武安之贵，在日月之际。"③ "日月之际"者，即裙带关系也。评相国萧何曰："萧相国何于秦时为刀笔吏，录录未有奇节。及汉兴，依日月之末光。"④ "依日月之末光"者，即攀龙附凤也。评相国曹参曰："曹相国参攻城野战之功所以能多若此者，以与淮阴侯俱。及信已灭，而列侯成功，唯独参擅其名。" "以与淮阴侯俱"者，冒淮阴侯之

---

① 《史记·梁孝王世家》太史公曰。
② 《史记·绛侯周勃世家》太史公曰。
③ 《史记·田蚡列传》太史公曰。
④ 《史记·萧相国世家》太史公曰。

功也。

司马迁对于草菅人命、蔑视人权的酷吏，极为痛恨。他在《酷吏列传》评曰："自郅都、杜周十人者，此皆以酷烈为声。……然此十人中，其廉者足以为仪表，其污者足以为戒……至若蜀守冯当暴挫，广汉李贞擅磔人，东郡弥仆锯项，天水骆璧推咸，河东褚广妄杀，京兆无忌、冯翊殷周蝮鸷，水衡阎奉朴击卖请，何足数哉！何足数哉！"

司马迁对于佞幸之徒极为鄙弃。他在《佞幸列传》中，开始便说："谚曰：'力田不如逢年，善仕不如遇合。'固无虚言。非独女以色媚，而士宦亦有之。昔以色幸者多矣。至汉兴，高祖至暴抗也，然籍孺以佞幸；孝惠时有闳孺。此两人非有材能，徒以婉佞贵幸，与上卧起，公卿皆因关说。……孝文时中宠臣，士人则邓通，宦者则赵同、北宫伯子。"他说邓通"其衣后穿"，可谓谑矣。最后，太史公曰："甚哉！爱憎之时！弥子瑕之行，足以观后人佞幸矣！虽百世可知也。"

司马迁对于宦官，亦甚卑之。他在《报任安书》中说："刑余之人，无所比数，非一世也，所从来远矣。昔卫灵公与雍渠载，孔子适陈；商鞅因景监见，赵良寒心；同子参乘，爰丝变色，自古而耻之。"①

① 《汉书·司马迁传》。

司马迁对于“财或累万金而不佐国家之急”[①] 的商人，也最为轻视。例如范蠡本是越国的大夫，因为他曾“治产积居，与时逐”，故不列之于官吏，而列之于货殖。子贡本是孔子的门徒，因为他“废著鬻财于曹鲁之间”，故亦不列之于儒林，而列之于货殖。列之于货殖者，贱之也。司马迁在《货殖列传》中评曰：“天下熙熙，皆为利来；天下壤壤，皆为利往。夫千乘之王，万家之侯，百室之君，尚犹患贫，而况匹夫编户之民乎！”在这里，司马迁又连带指斥那些假借政治权力而经商的贵族官僚了。

在另一方面，司马迁对于古来黜废的贤圣，则为之赞叹惋惜。例如他于伯夷、叔齐，则曰：“岩穴之士，趋舍有时。若此类名堙没而不称，悲夫！”于孔子，则曰：“高山仰止，景行行止。虽不能至，然心乡往之。”于屈原，则曰“悲其志”。于贾谊，则曰：“读《鹏鸟赋》，同生死，轻去就，又爽然自失矣。”

司马迁最大胆的地方，就是他敢于当着刘邦的子孙，赞美项羽。因为赞美项羽，就等于贬抑刘邦。司马迁评项羽曰：“羽非有尺寸，乘势起陇亩之中。三年，遂将五诸侯灭秦，分裂天下而封王侯，政由羽出，号为霸王。位虽不

① 《史记·平准书》。

终，近古以来未尝有也。”①

和赞美项羽一样的大胆，司马迁又歌颂陈涉。陈涉在封建统治者看来，正是一个有名的叛逆。歌颂陈涉，就是歌颂叛逆。但司马迁在《史记·自序》中，却把陈涉的起义，比之汤武的革命，孔子的作《春秋》。在《陈涉世家》的评语中又说：“陈胜虽已死，其所置遣侯王将相竟亡秦，由涉首事也。”同时，又在《儒林列传·序》中指出，当陈涉起义之时，虽圣人之徒，也去参加他的革命营阵。他说：“陈涉之王也，而鲁诸儒持孔氏之礼器往归陈王，于是孔甲为陈涉博士，卒与涉俱死。陈涉起匹夫……旬月以王楚，不满半岁竟灭亡，其事至微浅，然而缙绅先生之徒负孔子礼器往委质为臣者何也？以秦焚其业，积怨而发愤于陈王也。”这段话虽然是对焚书坑儒者的一个警告，也是指明陈涉的革命虽缙绅先生之徒亦往委质为臣的事实。

此外，司马迁对于韩信、黥布、魏豹、彭越这些失败的英雄，都不胜惋惜。他评韩信曰：“假令韩信学道谦让，不伐己功，不矜其能，则庶几哉，于汉家勋可以比周、召、太公之徒。”评黥布曰：“英布者，其先岂《春秋》所见楚灭英、六、皋陶之后哉？身被刑法，何其拔兴之暴也。”评魏豹、彭越曰：“魏豹、彭越虽故贱，然已席卷千里，南面

① 《史记·项羽本纪》太史公曰。

称孤，喋血乘胜，日有闻矣。……智略绝人，独患无身耳。”

司马迁对于善良的官吏，亦为之表扬。他在《循吏列传》中评曰：“孙叔敖出一言，郢市复；子产病死，郑民号哭；公仪子见好布而家妇逐；石奢纵父而死，楚昭名立；李离过杀而伏剑，晋文以正国法。”

司马迁对于草野豪侠之士，极为赞叹。他在《刺客列传》中评曰：“自曹沫至荆轲五人，此其义或成或不成；然其立意较然，不欺其志，名垂后世，岂妄也哉！”又于《游侠列传·序》中，特别申述其崇拜草野豪侠的理由曰：

> 韩子曰：“儒以文乱法，而侠以武犯禁。”二者皆讥，而学士多称于世云。至如以术取宰相卿大夫，辅翼其世主，功名俱著于春秋，固无可言者。及若季次、原宪，闾巷人也，读书怀独行君子之德，义不苟合当世，当世亦笑之。故季次、原宪终身空室蓬户，褐衣蔬食不厌。死而已四百余年，而弟子志之不倦。今游侠，其行虽不轨于正义，然其言必信，其行必果；已诺必诚，不爱其躯，赴士之厄困。既已存亡死生矣，而不矜其能，羞伐其德，盖亦有足多者焉。……布衣之徒，设取予然诺，千里诵义，为死不顾世，此亦有所长，非苟而已也。故士穷窘而得委命，此其非人之

所谓贤豪间者邪？诚使乡曲之侠，予季次、原宪比权量力，效功于当世，不同日而论矣。要以功见言信，侠客之义又曷可少哉？古布衣之侠，靡得而闻已……以余所闻，汉兴有朱家、田仲、王公、剧孟、郭解之徒，虽时扞当世之文罔，然其私义廉洁退让，有足称者。名不虚立，士不虚附。至如朋党宗强比周，设财役贫，豪暴侵凌孤弱，恣欲自快，游侠亦丑之。余悲世俗不察其意，而猥以朱家、郭解等，令与暴豪之徒同类而共笑之也。

在封建皇帝之前，直言极谏之士，往往遭横祸；于是而有善良之士，以滑稽的态度，用戏谑的言语，以为讽刺。这些人，有时"谈言微中，亦可以解纷"。故司马迁亦美之。他在《滑稽列传》中评曰："淳于髡仰天大笑，齐威王横行；优孟摇头而歌，负薪者以封；优旃临槛疾呼，陛楯得以半更。岂不亦伟哉！"

总观以上所录的评语，我们便可以看出司马迁之所善与所恶，所贤与所贱，所是与所非；因而也就知道《史记》一书，不仅是为了叙述历史，而且也是为了批判历史；从而也就知道司马迁之作《史记》，不是为了清算古人，而是为了要从古史中找出一些历史教训，教育他同时并世的人。他在《高祖功臣侯者年表》中说："居今之世，志古之道，所以自镜也。”这就是他作《史记》的用意。

即因司马迁在《史记》中的批评，有些不合于封建的教条，所以后来班固批评他说：“其是非颇缪于圣人。论大道，则先黄老而后《六经》；序游侠，则退处士而进奸雄；述货殖，则崇势利而羞贱贫，此其所蔽也。”① 班固对司马迁的批判，大概都中要害；只有说他崇势利而羞贫贱一点，是没有看懂司马迁作《货殖列传》的意义。司马迁之传货殖，不但不是崇势利，而正是贬势利。关于这一点，只要看他把范蠡、子贡列于《货殖列传》就可以证明。以后至于王允，则竟指《史记》为“谤书”，章实斋又为之辩护，谓其“折衷六艺，何敢于讪上哉”？我以为谓之“谤书”，则未免太过；谓其毫无批判当世之意，亦非司马迁所能同意。诚如章实斋所云：“今观迁书，如封禅之惑于鬼神，平准之算及商贩，孝武之秕政也。”孝武之秕政，而司马迁指出之，非“讪上”而何？司马迁以无罪而遭大辱，当然有所愤慨。此种愤慨，常见于言词。例如在《伍子胥列传》中评曰：“怨毒之于人甚矣哉！王者尚不能行之于臣下，况同列乎！”又在《屈原列传》中曰：“信而见疑，忠而被谤，能无怨乎！”即因司马迁积有怨愤，所以发而为文，则气势蓬勃，热力丰富，因而《史记》一书成为千古的杰作。所

① 《汉书·司马迁传》。

以，虽“刘向、扬雄，博极群书，皆称迁有良史之才，服其善序事理，辨而不华，质而不俚，其文直，其事核，不虚美，不隐恶，故谓之实录”①。

五　余论——史料的搜集编制及其历史观

《史记》一书，因为充溢着作者的批判精神，后来的学者以为《史记》一书系司马迁发愤之作，因疑其对于史实的记述，不甚注意。例如班固就说过：“其言秦汉详矣。至于采经摭传，分散数家之事，甚多疏略，或有抵牾。”②自宋以后，学者多因袭班固之说，在《史记》中吹毛求疵。如宋王应麟《困学纪闻》中，有《史记正误》一篇，金王若虚有《史学辨惑》，明柯维骐有《史记考要》，清杭世骏有《史记考证》、梁玉绳有《史记志疑》、邵泰衢有《史记疑问》。这些学者的著作，对于《史记》，虽亦各有发明之处，然大抵据经以证史，故其所疑者，未必可疑；其所正者，未必尽正。

我不是说，司马迁对于史实的叙述，完全没有疏漏或自相矛盾的地方；但我以为司马迁的疏漏与自相矛盾，不是因为他不注重史实，或故意歪曲史实，而是因为他在整

---

①②《汉书·司马迁传》。

齐百家杂说，贯穿经传遗文之时，千头万绪，精力有时不能顾及之所致也。据我从《史记》中所知，司马迁对于记录史实，非常严谨。非根据古书，即根据访问，从未随便记一事，传一人。

其根据古书之例，如司马迁作《五帝本纪》，自唐、虞以下，则根据《尚书》，作殷、周本纪，则根据《尚书》、《诗经》。他说："自成汤以来，采于《书》、《诗》。"① 至于自"唐""虞"以上，他一再声明"尚矣"，"尚矣"，"不可纪已"。故纪此"尚矣"之时，则择传说中之"其言尤雅者"②，以为资料。

对于上古史如此，对于周以来的历史亦如此。如司马迁在《十二诸侯年表·序》曰："太史公读《春秋历谱牒》。"在《六国表·序》，则曰："太史公读《秦记》。"在《秦楚之际月表·序》，则曰："太史公读秦楚之际（按即《楚汉春秋》等）。"在《惠景间侯者年表·序》，则曰："太史公读列封（按即封建诸侯的档案）。"在《孔子世家·太史公曰》："余读孔氏书。"在《仲尼弟子列传·太史公曰》："余以弟子名姓文字，悉取《论语》弟子问，并次为篇，疑者阙焉。"作《老庄申韩列传》、《孟子荀卿列传》，

---

① 《史记·殷本纪》太史公曰。

② 《史记·五帝本纪》太史公曰。

皆曾读其人之书。作《孙子吴起列传》，则曾读《孙子十三篇》、《吴起兵法》。作《屈原列传》，则曰："余读《离骚》、《天问》、《招魂》、《哀郢》。"作《贾谊列传》，则曰："读《鵩鸟赋》。"作《陆贾列传》，则曰："余读陆生《新语》书十二篇。"作《管晏列传》，则曰："吾读管氏《牧民》、《山高》、《乘马》、《轻重》、《九府》及《晏子春秋》。"一言以蔽之，载之经、传者，必据经、传；其人有著述者，必读其人之书。但司马迁亦非凡书皆信，如"黄帝以来皆有年数"之"牒记"，因与"古文咸不同乖异"，司马迁即不以为据。又如言怪物的《禹本纪》、《山海经》，亦不置信。他在《大宛列传·太史公曰》中云："故言九州山川，《尚书》近之矣。至《禹本纪》、《山海经》所有怪物，余不敢言之也。"

司马迁著《史记》，并非闭门造车，有若干史料，皆系身历其地或亲访其人而得来。例如他作《河渠书》则曰："余南登庐山，观禹疏九江，遂至于会稽太湟，上姑苏，望五湖，东窥洛汭、大邳，迎河，行淮、泗、济、漯、洛渠；西瞻蜀之岷山及离碓；北自龙门至于朔方。曰：甚哉，水之为利害也！"作《齐太公世家》则曰："吾适齐，自泰山属之琅邪，北被于海，膏壤二千里，其民阔达多匿知，其天性也。"作《魏世家》，则曰："吾适故大梁之墟，墟中人曰：'秦之破梁，引河沟而灌大梁，三月城坏，王请降。'"

作《孔子世家》，则曰："适鲁，观仲尼庙堂，车服礼器，诸生以时习礼其家。余祇迴留之，不能去云。"作《孟尝君列传》，则曰："吾尝过薛，其俗闾里率多暴桀子弟，与邹、鲁殊。问其故，曰：'孟尝君招致天下任侠奸人入薛中，盖六万余家矣。'世之传孟尝君好客自喜，名不虚矣。"作《信陵君列传》，则曰："吾过大梁之墟，求问其所谓夷门。夷门者，城之东门也。"作《春申君列传》，则曰："吾适楚，观春申君故城，宫室盛矣哉！"作《蒙恬列传》，则曰："吾适北边，自直道归。行观蒙恬所为秦筑长城亭障，堑山堙谷，通直道，固轻百姓力矣。"作《淮阴侯列传》，则曰："吾如淮阴，淮阴人为余言：'韩信虽为布衣时，其志与众异。'"作《樊郦滕灌列传》，则曰："吾适丰沛，问其遗老，观故萧、曹、樊哙、滕公之冢，及其素，异哉所闻！方其鼓刀屠狗、卖缯之时，岂自知附骥之尾，垂名汉庭，德流子孙哉？余与他广通，为言高祖功臣之兴时若此云。"这些，都是亲历其地的例子。

还有亲访其人者。例如他作《游侠列传》，就曾访问过当时的大侠郭解。他在《游侠列传·太史公曰》："吾视郭解，状貌不及中人，言语不足采者。"又如他作《李广列传》，亦曾访问过李广。他在《李广列传·太史公曰》："余睹李将军，悛悛如鄙人，口不能道词。"司马迁对于同时的人，大半可以访问者必访问，不仅对郭解、李广二人为然也。至不能见其人者，则“视其友”。

司马迁对于以前的古人，大概有图像者，必观其图像。例如他在《留侯世家·太史公曰》：“余以为其人计魁梧奇伟。至见其图，状貌如妇人好女。”所以他深以田横没有图像遗留下来，不能状其貌为遗恨。他在《田横列传·太史公曰》：“无不善画者，莫能图，何哉?”

此外，其史料亦有友人转述者。如《项羽本纪·太史公曰》：“吾闻之周生曰：‘舜目盖重瞳子。’又闻项羽亦重瞳子。”《刺客列传·太史公曰》：“始公孙季功、董生与夏无且游，具知其事，为余道之如是。”《霍去病列传·太史公曰》：“苏建语余曰。”

由此，可以证明，司马迁对史实的记录，并不是不注意。至于《史记》中所载史实，仍有疏漏抵牾之处者，则是著作家所难免。而且有一部分是司马迁所不能负责的。例如《建元以来侯者年表》中出现了昭、宣、元、成诸帝的年号，《楚元王世家》记地节二年之事，《齐悼惠王世家》书建始三年者二，《司马相如列传·太史公曰》中，出现了扬雄的名字等等，这些都是后人所窜，非司马迁之原作。

据班固《汉书·司马迁传》载，《史记》一书，至宣帝时，始由司马迁的外孙杨恽发表于世。以后流布，颇有缺失，班固所见者已缺十篇。但班固仅说“十篇缺”，而未指明何十篇。张晏曰：“迁没之后，亡《景纪》、《武纪》、

《礼书》、《乐书》、《兵书》、《汉兴以来将相年表》、《日者列传》、《三王世家》、《龟策列传》、《傅靳列传》。元成之间，褚先生补缺，作《武帝纪》、《三王世家》、《龟策》、《日者传》。”而颜师古则云：“序目本无《兵书》，张云亡失，此说非也。”① 总之，《史记》是经过后人的纂补，这是很明显的；因而其中有一部分错误，归纂补者负责。

两千年来，读《史记》未有不盛赞司马迁之文章者；诚然，司马迁的文章真是气势磅礴，既沉重而又飞舞。但无论怎样，文章总是司马迁的余事。而且司马迁也从来没有在文字上去雕刻。他绝不故为深奥，作出一些让他同时代的人看不懂的文章，以显出自己的高深典雅；反之，他引用古文，多改为汉代当时所通用的言语。例如他引《尚书》，绝不照抄“曰若稽古，帝尧曰放勋”，而是改为“帝尧者，放勋”。如果司马迁生在现在，他一定把这句话改为“传说中的尧皇帝，他的名字叫放勋”。司马迁不学《尚书》，而后来的史学家，偏要学《史记》。假如司马迁死而有知，一定说：“这都是他不肖的门徒，只知模仿其皮毛，而不知师承其精神，见帝王则曰神圣，见革命的豪杰，则曰盗贼，何其无耻也！”

司马迁的文章之好，不在于笔调，而在于他善于组织

① 《汉书·司马迁传》颜师古注。

史料。例如他传伯夷，则录其《西山之歌》，以显其气节；传孔、孟，则录其言语，以显其大道；传老、庄，则录其著作以显其学派；传屈、贾，则录其辞赋，以显其文章；传儒林，则录其师承，以显其渊源；传管、晏，则录其政绩，以显其文治；传田单、乐毅，则录其战伐，以显其武功；传苏、张，则录其游说，以显其纵横；传货殖，则录其财产，以显其富厚；传刺客，则录其敢死，以显其慷慨；传游侠，则录其重诺，以显其侠义；传滑稽，则录其笑谑，以显其讽刺；传佞幸，则录其卖身投靠，以显其下流无耻。总之，他对于每一个纪传的人物，都能抓住他的特点，阐扬他的特点，使这个被纪传的人物，跃然纸上，萧疏欲动。例如他写刺客，不但从纸上飘起慷慨悲歌之声，简直是匕首当前，鲜血射面。像以上所述，就是司马迁的文章之所以成为千古的绝调。至若之乎也者，乃其余事。

自然，我不是说司马迁的《史记》完美无缺，例如他的历史观受了驺衍终始五德说的影响，而带着历史循环论的色彩。他在《高祖本纪·太史公曰》中说："夏之政忠。忠之敝，小人以野；故殷人承之以敬。敬之敝，小人以鬼；故周人承之以文。文之敝，小人以僿；故救僿莫若以忠。三王之道若循环，终而复始。周、秦之间，可谓文敝矣。秦政不改，反酷刑法，岂不缪乎！故汉兴，承敝易变，使人不倦，得天统矣。"这就是说，历史的发展，即忠、敬、文的循环。所以他在《平准书·太史公曰》中又说："是以物盛则衰，时极而转，一质一文，终始之变也。"此外他又替汉高祖作出一些赤帝、白帝的神话，在《封禅书》中，又征引土德、水德的受命之说。于是用赤、白、黑，配合忠、敬、文，再配合金、木、水、火、土，历史就在金、木、水、火、土的相生与赤、白、黑，忠、敬、文的循环中，在司马迁面前打圈圈了。虽然，我们论一个人，总要根据他自己的时代。在司马迁的时代，正是五行说高涨的时代，他怎能不受影响呢？假如我们以历史的循环论而责司马迁，那就无异责备殷人不该信鬼。

自司马迁开创了纪传体历史方法以后，两千年来，中国的历史家都奉为历史学的正宗，凡写著所谓正史，都用这种方法。一部二十四史，都是用纪传体的历史方法写成的。一直到我们的今日，凡达官显宦死了以后，政府都还有一道"宣付史馆立传"的命令，足见司马迁在中国历史学上的影响之巨大而悠久。

但是司马迁的学生，从班固算起，没有一个能够望及项背的。中国的学者往往以《史记》、《汉书》相提并论，我以为这未免太恭维班固了。班固，充其量，也不过是司马迁的学生中比较高明的一个。他用司马迁的方法，写成了一部西汉的历史；而且关于武帝以前的历史，连文章都是照抄《史记》的原文。如果说他在方法上有发明，那就是把司马迁的“书”，改名曰“志”。如果说他在历史学上也有创见，那就是去掉项羽的本纪，将汉代的历史上推于楚汉之际。取消陈涉的世家，把他降入列传。还有，就是加上了惠帝的本纪，辩护吕后的专政。所以若以《汉书》比《史记》，那真是瞠乎其后矣。

现在历史学已经进入了科学的阶段，纪传体的历史方法已经成了过去。但中国的历史资料大半都保存在纪传体的历史著作之中；为了找历史资料，我们应该知道纪传体的历史方法。同时我并且以为即使在我们今日，纪传体的历史仍不失为一种保存史料最好的方法。因略论司马迁的历史学，以说明纪传体历史方法的内容。

1944 年 11 月 11 日

（重庆《中山文化季刊》二卷一期，1945 年 6 月出版）

论刘知几的历史学

一　刘知几的传略

自司马迁以后，历东汉、魏、晋、南北朝，迄于隋唐，其间历史学家接踵而起。如东汉之班固、刘珍、荀悦、蔡邕；晋之华峤、陈寿、孙盛、王隐；宋之范晔、徐爰；齐之沈约、裴子野；梁之萧子显、吴均；陈之谢昊、姚察；北魏之崔鸿；北齐之魏收；北周之柳虬；隋之魏澹、王邵、牛弘、王胄；唐之姚思廉、令狐德棻等。这些人，都是有名的史学家。他们或身为史官，职典记载，或心存褒贬，私撰国书，其所著述，皆能独步于当代，擅名于后世。虽然，这些史学家的劳绩最多亦不过保存史料而已，对于历史学的方法，并没有什么新的发明。自司马迁而后，迄于唐代，在历史学方法论上，有新的发明者，唯刘知几一人而已。

刘知几，字子玄，徐州彭城人。生于唐高宗龙朔元年，卒于玄宗开元九年（661—721 年），年六十一岁。其生存之日，正是大唐帝国全盛时代。

刘知几是汉代皇族的后裔，据他自己在《刘氏家史》上考证，彭城诸刘，都是楚孝王嚣的曾孙居巢侯般的后裔。如果他要妄据“汉为尧后”的伪说，也可以说是圣王之后；但是他不要这样虚妄的远祖，而宁肯承认他的氏族是出自陆终。

刘知几出生的家庭是一个世禄之家。据《旧唐书》本传云：“知几，楚州刺史胤之族孙也。”刘胤之是一个学者，和史学家李百药是最好的朋友。在唐高宗永徽中，曾任著作郎及弘文馆学士，与令狐德棻等撰成国史及实录，并以此而封阳城县男。后以年老，不堪著述，才出为楚州刺史。① 刘知几之父亲藏器就是胤之的从兄之子。藏器亦有词学，官至宋州司马。生二子，长知柔，开元初，为工部尚书。知几即其季子。②

刘知几因为家学渊源，自幼就博览群书。《史通·自叙》有云：“予幼奉庭训，早游文学。年在纨绮，便授《古文尚书》。每苦其辞艰琐，难为讽读。虽屡逢捶挞，而其业不成。尝闻家君为诸兄讲《春秋左氏传》，每废书而听。逮讲毕，即为诸兄说之。因窃叹曰：‘若使书皆如此，吾不复怠矣。’先君奇其意，于是始授以《左氏》，期年而讲诵都毕。

①②《旧唐书·刘胤之传》。

于时年甫十有二矣。所讲虽未能深解，而大义略举。父兄欲令博观义疏，精此一经。辞以获麟已后，未见其事，乞且观余部，以广异闻。次又读《史》、《汉》、《三国志》。既欲知古今沿革，历数相承。于是触类而观，不假师训。自汉中兴已降，迄乎《皇家实录》，年十有七，而窥览略周。其所读书，多因假赁。虽部帙残缺，篇第有遗，至于叙事之纪纲，立言之梗概，亦粗知之矣。”这样就奠定了他后来研究史学的基础。

刘知几的年纪，渐渐长大，便要准备一种走进人生旅途的功课，即所谓应世之学。在唐代以科举策士，词章最为重要。于是刘知几遂不能专门读史，而要同时致力于文学。《史通·自叙》中云：“于时将求仕进，兼习揣摩；至于专心诸史，我则未暇。”刘知几天才放纵，不久便以文学知名于当世。《旧唐书》本传曰：知几“少与兄知柔俱以词学知名”。《史通·自叙》中亦云：“余初好文笔，颇获誉于当时；晚谈史传，遂减价于知己。”即因他曾经一度研究文学，所以又准备了他后来写著历史的技术条件。

即因文学甚好，所以刘知几“年登弱冠”，便“射策登朝”①，举进士，并授获嘉主簿。以后又调回京洛，服官中央。从这时，刘知几便放弃了文学的揣摩，专心于史学的

① 《史通·自叙》。

研究。《自叙》中云："于是思有余闲，获遂本愿。旅游京洛，颇积岁年，公私借书，恣情披阅。至如一代之史，分为数家，其间杂记小书，又竞为异说，莫不钻研穿凿，尽其利害。"这样，又加深了他的史学素养。

刘知几不仅学习不倦，而且理解力甚强。他自幼读史便不仅徒事记诵，因袭陈说；而是要通过自己的理解，加以批判。《自叙》中云："自小观书，喜谈名理。其所悟者，皆得之襟腑，非由染习。故始在总角，读班（固）、谢（承）两《汉》，便怪前书不应有《古今人表》，后书宜为更始（刘玄）立纪。当时闻者共责，以为童子何知，而敢轻议前哲。于是赧然自失，无辞以对。其后见张衡、范晔集，果以二史为非。其有暗合于古人者，盖不可胜纪。始知流俗之士，难与之言。凡有异同，蓄诸方寸。及年以过立（三十岁），言悟日多。"

刘知几性情孤僻，落落寡合。《自叙》中有云："常恨时无同好。可与言者，维东海徐坚，晚与之遇，相得甚欢……复有永城朱敬则、沛国刘允济、义兴薛谦光、河南元行冲、陈留吴兢、寿春裴怀古，亦以言议见许，道术相知。所有榷扬，得尽怀抱。每云：'德不孤，必有邻。'四海之内，知我者，不过数子而已矣。"

刘知几虽然性情孤僻，但并不高举其自身于社会之外；反之，只要有机会，便要检举社会的罪恶，指斥当代的弊政。新旧《唐书》皆载，当证圣初，武则天诏天下九品以上官吏各言政得失，他便上书指陈当时的政府，刑戮太过，赏罚不公。其中有云："今群臣无功，遭遇辄迁，至都下有'车载斗量，杷椎椀脱'之谚。"同书又载，他以武则天时代，"官爵僭滥而法网严密，士类竞为趋进而多陷刑戮"，曾作《思慎赋》以刺时。当时，凤阁侍郎苏味道、李峤见而叹曰："陆机《豪士》所不及也。"

大约在四十岁以后，刘知几才任史官。《旧唐书》本传云："知几（武后）长安中（公元701—704年），累迁左史，兼修国史。"以后，又"擢拜凤阁舍人，修史如故。（中宗）景龙初，再转太子中允，依旧修国史"。以后，刘知几的生活，就长期消磨在史馆中了。

刘知几既任史官，可谓学得其用。他常常想把他的历史学创见，应用于国史的编修；但是事实并不如他所想，因为当时的史馆组织，是"监修制度"。史官注记，必须仰承监修的意旨，没有撰著的自由。而当时的监修，大半为毫无知识的贵官，他们既不知明立科条，又喜遇事干涉，十羊九牧，无所适从。同时，当时同列的诸史官又皆流俗之辈，但却"人自以为荀、袁，家自称为政、骏。每欲记一事，载一言，皆阁笔相视，含毫不断。故首白可期，而汗青无日”[1]。加之，权贵干涉，侦探密布，史官每有所记，“言未绝口，而朝野具知，笔未栖毫而搢绅咸诵。”[2]实录，则取嫉权门；直书，则见仇贵族。在这样的情形之下，刘知几与诸监修及同事，当然“凿枘相违，龃龉难入，故其所载削，皆与俗浮沈。虽自谓依违苟从，然犹大为史官所嫉”[3]。

但刘知几却素抱刊削史籍的宏愿。《自叙》中说：“其于史传也，尝欲自班、马已降，讫于姚（察）、李（德林）、令狐（德棻）、颜（师古）、孔（颖达）诸书，莫不因其旧义，普加厘革。但以无夫子之名，而辄行夫子之事，将恐致惊末俗，取咎时人，徒有其劳，而莫之见赏。所以每握管叹息，迟回者久之，非欲之而不能，实能之而不敢也。”即不得志于史馆，于是“载笔”余暇[4]开始其有名的著作《史通》之写著。《自叙》中说：“嗟乎！虽任当其职而吾道不行；见用于时，而美志不遂。郁怏孤愤，无以寄怀，必寝而不言，嘿而无述，又恐没世之后，谁知予者。故退而私撰《史通》，以见其志。”由此看来，《史通》一书亦刘知几“道不行”、“志不遂”、“郁怏孤愤”之所为也。

为了写著《史通》，刘知几很想摆脱史馆的职务。恰好

①②《旧唐书·刘子玄传》。

③④《史通·自叙》。

当景龙初，中宗西还，于是他便请求留在洛阳。他在洛阳住了两年，这时，全部精力，皆用于《史通》的写作。但是不久便有人说他身为官史而私自著述，所以景龙三年，中宗便驿召他到长安，升为秘书监，仍派他修撰国史。

当他再回史馆时，“侍中韦巨源、纪处讷、中书司杨再思、兵部尚书宗楚客、中书侍郎萧至忠并监修国史”。这些监修贵官，意见不一，当时“陈令公（再思）则云‘必须直词’，宗尚书（楚客）则云‘宜多隐恶’”。以是史官更难着笔。刘知几深感其弊而无可如何。适萧至忠责其“著述无课”，于是他就上书于萧，请辞史官之职。在辞职书上，列陈当时史馆之弊，并谓这些弊端如不革除或补救，则“虽威以次骨之刑，勖以县（悬）金之赏，终不可得也”①。

辞职书并没有批准；但从此以后，愈为同列史官所嫉，不能有所作为。于是他索性将史馆的职务，委托于著作郎吴兢，而自己则别撰《刘氏家史》十五卷、《谱考》三卷，考其氏姓之所自出。

这时，刘知几的《史通》已经完成，声名扬溢，朝廷也要利用他做招牌，来装点史馆的门面。所以景云中（公元710—711年），便升他为太子左庶子，崇文馆学士，加银青光禄大夫。到玄宗开元初年（713年），再升左散骑常

① 刘知几辞职书，见《旧唐书》本传及《史通·忤时》篇。

侍。而其职务，则始终是修撰国史。到开元九年（公元721年），他的长子贶，为太乐令，犯事流配。他为他的儿子向执政诉理，玄宗闻而震怒，贬为安州①都督府别驾，而这位大史学家到安州不久就死了。

吾人读刘知几书，而知其兼才、学、识三者而并有之②。惜乎！任道其职而道不行，见用于时而志不遂，郁怏孤愤，终至贬死。贤者委弃，千古同叹，又岂独刘知几为然耶？

二　刘知几的著作、思想及其历史观

刘知几著作甚多，据《旧唐书》本传云：知几“自幼及长，述作不倦。朝有论著，必居其职。预修《三教珠英》、《文馆词林》、《姓族系录》；论《孝经》，非郑玄注；《老子》，无河上公注；修《唐书实录》，皆行于代。有集三

① 《旧唐书·地理志》：“安州中都督府隋安陆郡。武德四年，平王世充，改为安州。”安州，唐时属淮南道，辖今鄂东皖西一带。

② 《旧唐书·刘子玄传》曰：“子玄掌知国史，首尾二十余年，多所撰述，甚为当时所称。礼部尚书郑惟忠尝问子玄曰：‘自古已来，文士多而史才少，何也？’对曰：‘史才须有三长，世无其人，故史才少也。三长：谓才也，学也，识也。夫有学而无才，亦犹有良田百顷，黄金满籝，而使愚者营生，终不能致于货殖者矣。如有才而无学，亦犹思兼匠石，巧若公输，而家无楩楠斧斤，终不果成其宫室者矣。犹须好是正直，善恶必书，使骄主贼臣所以知惧。此则为虎傅翼，善无可加，所向无敌者矣。……自敻古已来，能应斯目者，罕见其人。’”

十卷”。此外又撰《刘氏家史》十五卷、《谱考》三卷及《史通》二十卷。在他的著作中，以《史通》一书最为不朽之作。

《史通》一书，分内、外二篇，各十卷，合二十卷。内篇分三十九目，其中《体统》、《纰缪》、《弛张》三篇，有目无文。今所存者，仅三十六目。外篇分十一目，其中《杂说》一目析为上、中、下三篇，共合为十三目。这部书是刘知几的史学创作，也是中国史学史上第一部历史方法论的巨著。

刘知几之著《史通》，其主要目的，是在于纠正过去中国史学方法上的错误。故全书皆以批判的体裁作为写著的方法，而其论点则侧重于历史学方法。但除史学方法以外，其所涉及的范围亦至为广泛。如其外篇中之《史官建置》，则论史官制度；《疑古》、《惑经》、《杂说》、《五行志错误》、《五行志杂驳》，则皆系论历史资料。总而言之，刘知几在这部书中，可以说对他以前的中国历史学，作了一次总的清算工作。

刘知几对于他的《史通》一书，曾经在《自叙》中作过这样的介绍。他说：

> 若《史通》之为书也，盖伤当时载笔之士，其义不纯，思欲辨其指归，殚其体统。夫其书虽以史为主，

而余波所及，上穷王道，下掞人伦，总括万殊，包吞千有。自《法言》已降，迄于《文心》而往，固以纳诸胸中，曾不蔕芥者矣。夫其为义也，有与夺焉，有褒贬焉，有鉴诫焉，有讽刺焉。其为贯穿者深矣；其为网罗者密矣，其所商略者远矣，其所发明者多矣。盖谈经者，恶闻服、杜之嗤；论史者，憎言班、马之失。而此书多讥往哲，喜述前非。获罪于时，固其宜矣。犹冀知音君子，时有观焉。尼父有云："罪我者《春秋》，知我者《春秋》。"抑斯之谓也。[①]

即因《史通》一书"多讥往哲，喜述前非"，故当时"悠悠尘俗，共以为愚"，而"见者亦互言其短"[②]。为了答复当时流俗之徒的恶意批评，刘知几曾作《释蒙》以拒之。但当时也还有几个知己，赏识其书。据《旧唐书》本传载："徐坚深重其书，尝云：'居史职者，宜置此书于座右。'"即因《史通》不见重于当时，所以他在《自叙》中叹曰："夫以《史通》方诸《太玄》，今之君山，即徐（坚）、朱（敬则）等数君是也。后来张、陆，则未之知耳。"又在《鉴识》为之慨曰："夫人废兴时也；穷达命也。而书之为用，亦复如是。盖《尚书》古文，六经之冠冕也，《春秋左

①②《史通·自叙》。

氏》，三传之雄霸也，而自秦至晋，年逾五百，其书隐没，不行于世。既而梅氏写献，杜侯训释，然后见重一时，擅名千古。若乃《老经》撰于周日，《庄子》成于楚年，遭文、景而始传，值嵇、阮而方贵。若斯流者，可胜纪哉!”但是事实并不如他所想象之恶劣，《史通》一书并没有长期埋没。在他死后不久，玄宗便派河南府至其家，抄写以进。读而善之，并因此而追赠他为汲郡太守、工部尚书，赐谥曰“文”。而这又是他始料所不及的。

刘知几的思想，颇受王充的影响。他在《自叙》中盛赞王充的《论衡》。其言有曰：

> 儒者之书，情而寡要，得其糟粕，失其菁华。而流俗鄙夫，贵远贱近，转兹牴牾，自相欺惑，故王充《论衡》生焉。

案王充《论衡》有《问孔》、《刺孟》之篇，实为儒家的一位叛徒。而刘知几亦有《疑古》、《惑经》之作，其思想亦颇谬于圣人。他在《惑经》中说：

> 昔王充设论，有《问孔》之篇，虽《论语》群言，多见指摘；而《春秋》杂义，曾未发明。是用广彼旧疑，增其新觉。

他在《惑经》中，对于《春秋》之义，提出了十二个疑问，指出其虚妄者五端，大胆陈说，毫无顾忌。故刘知几的《惑经》，实即王充《问孔》的续编。至于其《疑古》篇，则系非难《尚书》；但在《序言》上，亦指斥孔子。其言有曰：

故观夫子之刊《书》也，夏桀让汤，武王斩纣，其事甚著，而芟夷不存。观夫子之定《礼》也，隐、闵非命，恶、视不终，而奋笔昌言，云“鲁无篡弑”。观夫子之删《诗》也，凡诸《国风》，皆有怨刺，在于鲁国，独无其章。观夫子之《论语》也，君娶于吴，是谓同姓，而司败发问，对以“知礼”。斯验世人之饰智矜愚，爱憎由己者多矣。

又如王充有《指瑞》、《验符》之作，指斥符瑞之虚妄。刘知几在《史通》中，即反对记录符瑞之《五行志》。《书志》曰：

古之国史，闻异则书，未必皆审其休咎，详其美恶也。故诸侯相赴，有异不为灾，见于《春秋》，其事非一。洎汉兴，儒者乃考《洪范》以释阴阳。其事也，如江璧传于郑客，远应始皇；卧柳植于上林，近符宣帝。门枢白发，元后之祥；桂树黄雀，新都之谶；举夫一二，良有可称。至于蜚蜮蝝螽，震食崩坼，陨霜雨雹，大水无冰，其所证明，实皆迂阔。故当《春秋》之世，其在于鲁也，如有旱雩舛候，螟蠭伤苗之属。是时或秦人归襚，或毛伯赐命，或滕、邾入朝，或晋、楚来聘。皆持此恒事，应彼咎征，昊穹垂谪，厥罚安在？探赜索隐，其可略诸。……汉代儒者，罗灾眚于二百年外，讨符会于三十卷中，安知事有不应于人，应而人失其事？何得苟有变而必知其兆者哉！

又王充有《书虚》之作，谓竹帛上的文字，不可尽信。而刘知几在《疑古》中，对于《尚书》所载的史实，指出疑问十点。他在结论上说："孟子曰：'尽信书，不如无书。《武成》之篇，吾取其二三简。'推此而言，则远古之书，其妄甚矣。"

从以上所举各点，我们可以看出刘知几的思想，颇受王充学说的影响。他不迷信圣经贤传，不迷信灾祥符瑞。即因他不迷信圣经贤传，所以他就富有怀疑的精神；即因他不迷信灾祥符瑞，所以他就具有唯物的思想。他就在这种怀疑的精神与唯物的思想上，展开他的历史观。

刘知几反对"历史的定命论"。他以为历史上任何朝代的兴亡，人物的成败，都不是天命，而是人事。他在《杂说》（上）中说：

> 《魏世家》太史公曰："说者皆曰魏以不用信陵君，故国削弱，至于亡。余以为不然。天方令秦平海内，其业未成。魏虽得阿衡之徒，曷益乎？"夫论成败者，固当以人事为主，必推命而言，则其理悖矣。盖晋之获之，由夷吾之愎谏；秦之灭也，由胡亥之无道；周之季也，由幽王之惑褒姒；鲁之逐也，由稠父之违子家。然则败晋于韩，狐突已志其兆；亡秦者胡，始皇久铭其说；檿弧箕服，彰于宣、厉之年；征褰与襦，显自文、武之世。恶名早著，天孽难逃。假使彼四君才若桓、文，德同汤、武，其若之何？苟推此理而言，则亡国之君，他皆仿此，安得于魏无讥者哉？夫国之将亡也若斯，则其将兴也亦然。盖妫后之为公子也，其筮曰："八世莫之与京"；毕氏之为大夫也，其占曰："万名其后必大"；姬宗之在水浒也，鹭鹭鸣于岐山；刘姓之在中阳也，蛟龙降于丰泽。斯皆瑞表于先，而福居其后。向若四君德不半古，才不逮人，终能坐登大宝，自致宸极矣乎？必如史公之议也，则亦当以其命有必至，理无可辞，不复嗟其智能，颂其神武者矣。夫推命而论兴灭，委运而忘褒贬。以之垂诫，有其惑

乎？自兹以后，作者著述往往而然。如鱼豢《魏略议》，虞世南《帝王论》，或叙辽东公孙之败，或述江左陈氏之亡，其理并以命而言，可谓与子长同病者也。

上文列举史实，证明统治者的灭亡，是由于他们自己的罪恶、无能。不能把他们的灭亡归纳为上帝的意思。同样，新的统治者的兴起，也不是上帝预先派定，而是由于他们自己的努力。一言以蔽之，人类的历史是人类自己创造的，与“上帝”、“天命”这一类的鬼话绝不相干。像这样承认人类对历史之创造作用的历史观，就正是刘知几的历史学卓越之点。

其次，刘知几反对以成败论英雄之正统的历史观。他在《称谓》云：

古者，二国争盟，晋、楚并称侯伯；七雄力战，齐、秦俱曰帝王。其间虽胜负有殊，大小不类，未闻势穷者即为匹庶，力屈者乃成寇贼也。至于近古则不然，当汉氏云亡，天下鼎峙，论王道则曹逆而刘顺，语国祚则魏促而吴长。但以地处函夏，人传正朔，度长絜短，魏实居多。二方之于上国，亦犹秦缪、楚庄与文、襄而并霸。逮作者之书事也，乃没吴、蜀号谥，呼权、备姓名。方于魏邦，悬隔顿尔。惩恶劝善，其义安归。

在这里，他虽然只提出吴、蜀的名号问题，而其主题，则是反对那种以“势穷者即为匹庶，力屈者乃成寇贼”的历史观。例如他深以班、范二史不列刘玄于光武之前为非。他在《编次》中说：“当汉氏之中兴也，更始升坛改元，寒暑三易，世祖称臣而北面，诚节不亏。既而兵败长安，祚归高邑（光武称帝于高邑），兄亡弟及，历数相承。作者乃抑圣公于传内，登文叔于纪首……夫东观秉笔，容或谄于当时。后来所修，理当刊革者也。”按刘玄为新市、平林所拥立，以中国正统派的历史观视之，实为盗贼，而刘知几主张列纪于光武之前，这就是“有以力屈者乃成盗贼”也。

虽然，刘知几对于“成者为王，败者为寇”的历史观仍未扫除干净。例如他反对列项羽于本纪，而曰“正可抑同群盗 ”。反对列陈胜于世家，而曰“起自群盗”。这又是他自相矛盾的地方。

又刘知几甚至不主张“内中国而外夷狄”的大汉族主义的历史观。他在《称谓》中说：

> 续以金行版荡，戎、羯称制。各有国家，实同王者。晋世臣子，党附君亲。嫉彼乱华，比诸群盗。此皆苟徇私忿，忘夫至公。自非坦怀爱憎，无以定其得失。至萧方方等，始存诸国名谥，僭帝者皆称之以王。

此则赵犹人君，加以主号；杞用夷礼，贬同子爵。变通其理，事在合宜。小道可观，见于萧氏者矣。

历史是具体的科学，要承认客观的事实，不能以主观的爱憎涂改历史的事实。刘知几可谓深得此理。所以我说他是一个客观主义的历史家。

至于他敢于怀疑，则史料因以订正；敢于非圣，则成见因以打破。这些都是他的科学精神。

三　刘知几论中国历史学各流派

刘知几对于中国历史学各流派，曾经展开一个全面的批判。他在《六家》中，把中国的历史学派分为六家。他说：

古往今来，质文递变。诸史之作，有恒厥体。榷而为论，其流有六：一曰《尚书》家，二曰《春秋》家，三曰《左传》家，四曰《国语》家，五曰《史记》家，六曰《汉书》家。

按《尚书》为记言的史体，《春秋》为记事的史体，《左传》为编年的史体，《国语》为分国的史体，《史记》

与《汉书》均为纪传体，而前者为通史体，后者为断代史体。这六种历史学体裁不是同时发生，而是中国历史学体裁相续发展之系列，所谓“古往今来，质文递变”的结果。

这六种体裁在最初，都不过是各时代的历史记录者用以记录史实的方法；但是后来的历史学者竞相模拟，于是这六种历史学体裁，遂演化而为六种历史学流派。

例如《尚书》，本来是一种最古的历史记录方法。“自宗周既殒，《书》体遂废，迄乎汉、魏，无能继者。至晋广陵相鲁国孔衍，以为国史所以表言行，昭法式，至于人理常事，不足备列。乃删汉、魏诸史，取其美词典言，足为龟镜者，定以篇第，纂成一家。由是有《汉尚书》、《后汉尚书》、《汉魏尚书》，凡为二十六卷。至隋秘书监太原王邵，又录开皇、仁寿时事，编而次之，以类相从，各为其目，勒成《隋书》八十卷。寻其义例，皆准《尚书》。”①

又如《春秋》，后来也有袭用其名以为著述的。如晏子、虞卿、吕不韦、陆贾，其所著书，皆谓之《春秋》。

《左传》亦有拟作，如晋著作郎乐资曾撰《春秋后传》三十卷，其书始于周贞王而终于二世之灭。献帝时，荀悦著《汉纪》三十篇，亦依《左传》体裁。以后每代都有拟作，如张璠、孙盛 、干宝、徐广、裴子野、吴均等，其所

---

① 《史通·六家》。

著书，或谓之“春秋”，或谓之“纪”，或谓之“略”，或谓之“典”，或谓之“志”。其名虽异，但其为体，则皆拟《左传》。

《国语》体裁，继之者有《国策》。至孔衍，又以《国策》所书之未尽者，聚为一录，名曰《春秋后语》。当汉氏失驭，英雄角力，司马彪又录其行事，著《九州春秋》。这些都是《国语》的流派。

其摹拟《史记》者，则有梁武《通史》，崔鸿等所撰的《科录》，及李延寿的《南北史》等。至于《汉书》，则所有中国的所谓正史，都是属于这一流派。

中国的历史家，大概不出这六种流派。即或稍有形式不同，但亦不过这六种体裁之变体而已。所以刘知几把中国的历史学派分为六家，大概是可以包罗一切的。

刘知几在划分中国历史学的流派以后，又展开其对各家的批判。其论《尚书》的体裁，则以为其最大之缺点就在于这种体裁中，对于人物的记载不能详其平生；对于事实的记载，不能详其年月，而这些又都是历史学上最重要之点。他在《六家》中说：

> 若乃帝王无纪，公卿缺传，则年月失序，爵里难详，斯并昔之所忽，而今之所要。

其次，他以为《尚书》的体裁，既以记言为主，就体裁论体裁，则不应于记言之外，有记事的专篇；但《尚书》中竟有此种例外，这就是体例不纯。《六家》说：

> 盖《书》之所主，本于号令，所以宣王道之正义，发言于臣下，故其所载，皆典、谟、训、诰、誓、命之文。至如《尧》、《舜》二典，直序人事；《禹贡》一篇，唯言地理；《洪范》总述灾祥；《顾命》都陈丧礼；兹亦为例不纯者也。

其论《春秋》的体裁，则认为有长处，也有短处。《二体》说：

> 《春秋》者，系日月而为次，列时岁以相续。中国外夷，同年共世，莫不备载其事，形于目前。理尽一言，语无重出。此其所以为长也。至于贤士贞女，高才俊德，事当冲要者，必盱衡而备言；迹在沈冥者，不枉道而详说。如绛县之老，杞梁之妻，或以酬晋卿而获记，或以对齐君而见录。其有贤如柳（下）惠，仁若颜回，终不得彰其名氏，显其言行。故论其细也，则纤芥无遗；语其粗也，则丘山是弃；此其所以为短也。

其论《左传》的体裁，认为是一种最好的注释体裁。他在《申左》说：“《传》之与《经》其犹一体，废一不可，相需而成。”又说：“向使《孔经》独用，《左传》不作，则当代行事，安得而详者哉?”这种注释体裁的优美之处，就在于它能补本文之缺略而又不重复本文。《六家》说：

> 观《左传》之释经也，言见经文而事详传内，或传无而经有，或经阙而传存。其言简而要，其事详而博。信圣人之羽翮，而述者之冠冕也。

其论《国语》，则认为是《春秋》的外传，但是它的特点，就在于“又稽其逸文，纂其别说”，写成周、鲁、齐、晋、郑、楚、吴、越八国的历史。上起周穆王，下迄鲁悼公，自成一种分国为史的体裁。故《六家》曰：“此亦‘六经’之流、‘三传’之亚也。”

其论《史记》的体裁，在《六家》中专说他的短处。他说：

> 寻《史记》，疆宇辽阔，年月遐长，而分以纪传，散以书表。每论家国一政，而胡、越相悬；叙君臣一

时，而参、商是隔。此其为体之失者也。

但在《二体》中，则谓《史记》的体裁有他的短处，也有他的长处。他说：

> 《史记》者，“纪”以包举大端，“传”以委曲细事，“表”以谱列年爵，“志”以总括遗漏。逮于天文、地理、国典、朝章，显隐必该，洪纤靡失，此其所以为长也。若乃同为一事，分在数篇，断续相离，前后屡出。于高（帝）纪，则云：“语在项（羽）传。”于项传，则云：“事具高纪。”又编次同类，不求年月，后生而擢居首帙，先辈而抑归末章，遂使汉之贾谊将楚屈原同列，鲁之曹沫与燕荆轲并编。此其所以为短也。

其论《汉书》的体裁，则谓与《史记》相同。《六家》曰：“寻其创造，皆准子长，但不为‘世家’及改‘书’曰‘志’而已。”即因《汉书》的体裁同于《史记》，所以《史记》的短处和长处，也同样表现于《汉书》。惟《史记》为通史体而《汉书》则断西汉一代以为史，因之《汉书》就没有“疆宇辽阔，年月遐长”之弊。所以他在《六家》中说：

> 如《汉书》者，究西都之首末，穷刘氏之废兴，包举一代，撰成一书，言皆精练，事甚该密，故学者寻讨，易为其功。自尔迄今，无改斯道。

以上乃刘知几对中国历史学各流派的批判，就史体论史体，可谓切中利弊。他在结论中说："《尚书》等四家，其体久废。所可祖述者，惟《左氏》及《汉书》二家而已。"又在《二体》中说："既而丘明传《春秋》，子长著《史记》，载笔之体，于斯备矣。后来继作，相与因循，假有改张，变其名目。区域有限，熟能逾此！盖荀悦、张璠，丘明之党也；班固、华峤，子长之流也。"由此而知刘知几认为最进步的历史体裁，乃是编年体和纪传体。这从历史学发展的观点上看来，也是对的。

惟刘知几于纪传体中，美《汉书》而抑《史记》，未免源流倒置，是其偏见耳。考纪传体确为一种进步的历史体裁。这种体裁，可以说是《尚书》等四种体裁之综合。其中"纪"以编年，犹《春秋》之"经"也；"传"以记事，犹《左氏》之"传"也；"世家"以分国录诸侯，犹《国语》之分国为史也；又尝录帝王之制诏命令，则又犹《尚书》之载典、谟、训、诰、誓、命之文也。一言以蔽之，这种体裁已并"编年"、"记事"、"记言"、"分国"诸体于一书，别而裁之，融而化之，使其相互为用，彼此相衔。以各家之长，济各家之短；而又益之以表历，总之以书、志，卓然自成为一种新的历史体裁。但这种伟大的创造，是司马迁的不朽之功；班固的《汉书》不过是《史记》的拟作而已，又安能望《史记》之项背？

四　刘知几论纪传体的各部门

刘知几在泛论中国历史学各流派以后，于是集中其论点于纪传体。他就纪传体的各个部门，如“本纪”、“世家”、“列传”、“表历”、“书志”、“论赞”、“序例”等，展开其批判。

他论“本纪”，提出了三点意见。第一，“本纪”所以纪天子，非天子不应列入“本纪”。因此他对于司马迁之列周秦先世于“本纪”，认为“可怪”。列项羽于“本纪”，认为“乖谬”。《本纪》曰：

> 迁之以天子为本纪，诸侯为世家，斯诚谠矣。但区域既定而疆理不分……案姬自后稷至于西伯，嬴自伯翳至于庄襄，爵乃诸侯，而名隶“本纪”。……此尤可怪也。项羽僭盗而死，未得成君。求之于古，则齐无知、卫州吁之类也，安得讳其名字，呼之曰王者乎？

春秋吴、楚僭拟，书如列国。假使羽窃帝名，正可抑同群盗；况其名曰西楚，号止霸王者乎？霸王者，即当时诸侯。诸侯而称“本纪”，求名责实，再三乖谬。

其次，他以为“本纪”所以纪年岁，显国统，故无年号者不纪，无国统者不书。所以《魏志》曹传，权假汉年；韦曜《吴史》，不纪孙和。盖以其子孙虽为天子，其祖先不能因之而亦称天子。如其祖先亦称天子，则当时固有天子，没有历史地位可以安插这位追尊的天子。所以他反对把追尊的天子，写入“本纪”。《本纪》曰：

盖纪之为体，犹《春秋》之“经”，系日月以成岁时，书君上以显国统。……而陆机《晋书》，列纪三祖（追尊晋代的三祖），直序其事，竟不编年。年既不编，何纪之有？

第三，他以为“本纪”的体裁，是以事系年，而且专载大事，以显示某一帝王时代的历史大势，不应把琐碎的细事，写入“本纪”。《本纪》云：

纪者，既以编年为主，唯叙天子一人。有大事可书者，则见之于年月。其书事委曲，付之列传。此其义也。如近代述者魏著作（彦渊）、李安平（百药）之徒，其撰魏（书）、（北）齐（书）二史，于诸帝篇，或杂载臣下，或兼言他事，巨细毕书，洪纤备录。全为传体，有异纪文，迷而不悟，无乃太甚。

他论“世家”，也提出了三点意见。第一，他以为“世家”所列的人物，必须有世可续，有家可承；否则即不应列于“世家”。因此他以司马迁列陈胜于“世家”为不然。《世家》曰：

“世家”之为义也，岂不以开国承家，世代相续？至如陈胜起自群盗，称王六月而死，子孙不嗣，社稷靡闻，无世可传，无家可宅，而以“世家”为称，岂当然乎？

第二，他以为“世家”所以录诸侯，不应录大夫。因此，他反对司马迁录三晋及田氏之先世于“世家”，而田完反没其名号。《世家》曰：

且诸侯、大夫，家国本别。三晋之与田氏，自未为君而前，齿列陪臣，屈身藩后；而前后一统，具归“世家”。……又（田齐）列号东帝，抗衡西秦，地方

> 千里，高视六国，而没其本号，唯以田完制名。求之人情，孰谓其可？

第三，他以为“世家”所列诸侯，应该是专制一国、传世甚久的古代诸侯。而徒有其名的汉代诸侯则不应列入“世家”。《世家》曰：

> 夫古者诸侯，皆即位建元，专制一国，绵绵瓜瓞，卜世长久。至于汉代则不然，其宗子称王者，皆受制京邑，自同州郡；异姓封侯者，必从宦天朝，不临方域。或传国唯止一身，或袭爵才经数世；虽名班胙土，而礼异人君。必编“世家”，实同“列传”。而司马迁强加别录，以类相从，虽得画一之宜，讵识随时之义？

此外，他以为还有一类人物，即割据之君，“为史者，必题之以纪，则上通帝王；榜之以传，则下同臣妾。”亦宜列于“世家”。

他对于“列传”提出了五点意见。

第一，他以为“列传”所以列卿大夫，非卿大夫则不应编入列传。因此他反对陈寿在《三国志》中列吴、蜀二帝于“列传”。《列传》曰：

> 夫纪、传之不同，犹诗赋之有别。而后来继作，亦多所未详。案范晔《汉书》记后妃六宫，其实传也，而谓之为纪；陈寿《国志》，载孙、刘二帝，其实纪也，而呼之曰传。考数家之所作，其未达纪传之情乎？

第二，他以为“列传”主题，皆系人名，如非人名，即不应列入。《编次》云：

> 寻子长之“列传”也，其所编者，唯人而已矣。至于龟策异物，不类肖形，而辄与黔首同科，俱谓之传，不其怪乎？且《龟策》所记，全为志体，向若与八书齐列，而定以书名，庶几物得其明，同声相应者矣。

第三，“列传”中有“合传”，但他以为“合传”的人物必须同时并世，而其行事，又首尾相随，如“陈余、张耳，合体成篇，陈胜、吴广，相参并录”[1]，这是可以的。至于以异代之人，列于一传，如：“汉之贾谊将楚屈原同列，鲁的曹沫与燕荆轲并编”[2]，“老子与韩非并列，贾诩将

---

① 《史通·列传》。

② 《史通·二体》。

荀彧同编”①，这是不对的。

第四，“列传”中有附出之例，但他以为这种附出的人物，必须“名行可崇”而又“事迹虽寡”，不能独立成传，所以“寄在他篇，为其标冠。若商山四皓，事列王阳之首；庐江毛义，名在刘平之上是也”。若名行不可崇者，则无附出之必要。但“孟坚每一姓有传，则附出余亲。其事迹尤异者，则分入它部，故博陆、去病，昆弟非复一篇；外戚、元后，妇姑分为二录”②。这也是不对的。

第五，他以为列事作传，所以播其遗烈，显其令闻。但“自班、马以来，获书于国史者多矣。其间则有生无令闻，死无异迹，用使游谈者靡征其事，讲习者罕记其名，而虚班史传，妄占篇目”③。这更有违“列传”的本意。

他对于《表历》根本反对。他以为历史应该用文词写著。而不应用“表历”排列。而且史实既见之于文词，又再列之于“表历”，实为重复。故他以为载“表历”于史传，未见其宜。《表历》曰：

> 夫以表为文，用述时事，施彼谱牒，容或可取。载诸史传，未见其宜。何则？《易》以六爻穷变化，

①②《史通·编次》。

③ 《史通·列传》。

《经》以一字成褒贬，《传》包五始，《诗》含六义。故知文尚简要，语恶烦芜。何必款曲重沓，方称周备？观司马迁《史记》则不然矣。天子有本纪，诸侯有世家，公卿以下有列传。至于祖孙昭穆，年月职官，各在其篇，具有其说，用相考核，居然可知。而重列之以表，成其烦费，岂非谬乎？

在“表历”中，他最反对班固《汉书》所载“古今人表”。他以为班氏的“古今人表”既不表现国统的递袭，又不表现禄位的相承，只是品藻贤愚，激扬善恶，这实在不能表示一种连续的历史意义①。而且“人表”中所录的历史人物，既非同出一族，又非同在一时，并且皆系汉以前的人物。以汉以前的人物，而列于《汉书》，更是不伦不类。他在《表历》说：

异哉！班氏之《人表》也！区别九品，网罗千载，论世则异时，语姓则他族。自可方以类聚，物以群分，使善恶相从，先后为次，何藉而为表乎？且其书上自“庖牺”，下穷嬴氏，不言汉事，而编入《汉书》……何断而为限乎？

---

① 《史通·杂说》上。

他以为如必欲作表，亦只应适用于历史上的纷乱时期，如春秋战国及五胡乱华时代。因为在这样的时代，或群雄割据，各为年世；或诸胡错峙，自相君长。世变多端，史实复杂，若申之以表，则诸国分年，一时尽见。所以他以为在《史》、《汉》诸表中，惟“列国年表，或可存焉”。自此以后，则惟有崔鸿作表，颇为切要。

他对于“书志”颇为称赞。《书志》曰：“纪传之外，有所不尽，只字片文，于斯备录。语其通博，信作者之渊海也。”不过他以为“书志”之中，有“妄入编次”、应予删除者三，即“天文”、“艺文”、“五行”是也。亦有“事应可书”，宜予增加者三，即“都邑”、“氏族”、“方物”是也。

他之所以主张删除《天文志》，是以为天文变化不大，不如人事每代变易。《书志》曰：“夫两曜（日、月）百星，丽于玄象；非如九州万国，废置无恒。故海田可变，而景纬无易。古之天犹今之天也，今之天即古之天也，必欲刊之国史，施于何代不可也?”故他以为“天文”可删。如必欲作志，则亦只应载其当代的日月之蚀，星宿移动，而不应重复天体之概论。

他之所以主张删除《艺文志》，是以为同一书目，“前志已录，而后志仍书，篇目如旧，频烦互出，何异以水济水?”故他以为《艺文志》可删。如必欲作志，则亦只应列当代撰者所撰之书，不应重复刊载前代之书目。

他之所以主张删除《五行志》，是以为《五行志》多载“虚说”、“浮词”，“言无准的”，“事涉虚妄”。如必予为志，亦只应记当代灾异，不应追证前事，曲加附会。

反之，他主张增加《都邑志》，则从“京邑翼翼，四方是则。……土阶卑室，好约者所以安人；阿房、未央，穷奢者由其败国。此则其恶可以诫世，其善可以劝后者也”。又以“宫阙制度，朝廷轨仪，前王所为，后王取则。……经始之义，卜揆之功，经百王而不易，无一日而可废也”。所以他主张“凡为国史者，宜各撰《都邑志》，列于舆服之上”。

他又以为各种方物，“或百蛮攸税，或万国是供”，古代皆有记录。如“《夏书》则编于《禹贡》，《周书》则托于《王会》，亦有图形九牧之鼎，列状四荒之经”。自汉代拓境，四国来朝，各献方物，而种类更多。爰及魏、晋，迄于周、隋，亦遐迩来王，任土作贡。此等方物，与社会经济有关，故凡为国史者，宜撰《方物志》，列于《食货》之前。

他又以为氏族关系血统，如“帝王苗裔，公侯子孙，余庆所钟，百世无绝”。所以历代亦有记录，如“周撰《世本》，式辨诸宗；楚置三闾，实掌王族。逮乎晚叶，谱学尤烦。用之于官，可以品藻士庶；施之于国，可以甄别华夷”。所以他以为凡为国史者，宜各撰《氏族志》，列于《百官志》之下。

其论“论赞”，则谓后来的作者，都犯了以下的几种弊病。

第一，不必论而强为之论。《论赞》曰：“夫论者，所以辩（辨）疑惑，释凝滞。若愚智共了，固无俟商榷。丘明‘君子曰’者，其义实在于斯。司马迁始限以篇终，各书一论（而冠以“太史公曰”）。必理有非要，刚强生其文，史论之烦，实萌于此。”自司马迁而后，“班固曰‘赞’，荀悦曰‘论’，东观曰‘序’，谢承曰‘诠’，陈寿曰‘评’，王隐曰‘议’，何法盛曰‘述’，扬雄曰‘撰’，刘昞曰‘奏’，袁宏、裴子野自显姓名，皇甫谧、葛洪列其所号。史官所撰，通称‘史臣’。其名万殊，其义一揆。”这些作者的史评，大抵多有“本无疑事，辄设论以裁之”。因而就不免有“私徇笔端，苟衒文彩”的弊病。

第二，重复本文。《论赞》曰：“史之有论也，盖欲事无重出，文省可知。”易言之，即简单明了，不重复本文。但后来作者，“多录纪传之言，其有所异，唯加文饰而已”。这就犯了重床叠被的弊病。

第三，“论赞”重出。自班固于序传中以诗体作“述”，范晔改“述”曰“赞”，以后每篇皆有一“赞”。“事多者则约之使少，理寡者则张之令大。”《论赞》曰“夫每卷立论，其烦已多；而嗣论以赞，为黩弥甚。亦犹文士制碑，序终而续以‘铭曰’；释氏演法，义尽而宣以‘偈言’”。

第四，论事不当。《论赞》曰：“至若与夺乖宜，是非失中，如班固之深排贾谊，范晔之虚美隗嚣，陈寿谓诸葛不逮管、萧，魏收称尔朱可方伊、霍。或言伤其实，或拟非其伦。”这都犯了歪曲史实的弊病。

其论“序例”也说后来的作者，犯了以下的两种弊病。《序例》曰：“序者，所以叙作者之意也。”故其为体，宜“言词简质”，“敷畅厥义”。但自迁、固以后，华峤而往，后之作者，皆“矜衒文彩”，忘其本义，“累屋重架”，不知所云。这是第一种弊病。又说：“夫史之为例，犹国之有法。国无法，则上下靡定；史无例，则是非莫准。”史例既立，则“科条一辨，彪炳可观”；但是后来作者，往往纪传的内容并不依照史例，甚至背道而驰。这是第二种弊病。

以上是刘知几对纪传体的批判。这诚如他自己所云：“其所发明者多矣。”虽然，尺有所短，刘知几亦有自相矛盾之处。

例如刘知几论“本纪”，则曰：“项羽僭盗而死，未得成君”，“正可抑同群盗”，不应列诸“本纪”。但在《列传》中则曰：“陈寿《国志》载孙、刘二帝，其实‘纪’也，而呼之曰‘传’。”按孙、刘之于汉，犹西楚之于秦，都是割据的势力，若必谓项羽为僭盗，则刘备、孙权，又何非僭盗？若必谓僭盗不可以为“纪”，则又何以于孙、刘二帝之“传”而曰“其实‘纪’也”？此其自相矛盾者一。

又如他论“世家”，则曰：“陈胜起自群盗”，“无世可传”，“无家可宅”，不应列于“世家”。但《题目》中又谓“平林、下江诸人列为‘载纪’”。按：下江、平林诸人之于汉，亦犹陈胜、吴广诸人之于秦。同为农民暴动的领袖，如必谓陈胜起自群盗，则下江、平林诸人亦起于群盗。如必谓起于群盗者，即不可列于“世家”，则何以又谓下江、平林应列于“载纪”？此其自相矛盾者二。

又如他批评司马迁列周、秦先世于“本纪”，列三晋、田氏先世于“世家”，则持规律以为断曰：诸侯不应列于本纪，大夫不应列于世家。但司马迁列汉代诸侯于世家，于规律正相符合，而又持事实以为断曰：“虽得划一之宜，讵知随时之义。”如持事实以为断，但项羽名虽霸王，而实同天子，司马迁列之于“本纪”，并不乖谬。如持规律以为断，则汉代诸侯，不论是否专制一国，传世久暂，而名实诸侯，司马迁列之“世家”又不为错。刘知几有时持规律以绳事实，有时据事实以反规律，此其自相矛盾者三。

又如他论“表历”，则曰：“载诸史传，未见其宜。”但在《杂说》（上）则曰：“观太史公之创表也，于帝王则叙其子孙，于公侯则纪其年月，列行萦纡以相属，编字戢舂而相排。虽燕、越万里，而于径寸之内犬牙可接；虽昭穆九代，而于方尺之中雁行有叙。使读者阅文便睹，举目可详，此其所以为快也。”“表历”之用，既如此其大，何以又说不宜列于史传？此其自相矛盾者四。

此外如《天文志》，所以推数之变化；《艺文志》，所以溯文献之渊源；《五行志》，所以记灾异之现象；而刘知几皆谓可删。凡此都是刘知几评纪传体的美中不足。

五　刘知几论历史学方法

《史通》一书，全部都是论述历史学方法；但其中有一部分系泛论历史学各流派，有一部分系专论纪传体各部分。故这里所谓历史学方法乃系狭义的历史学方法，即刘知几论怎样写著历史的部分。关于怎样写著历史，刘知几论述最详，但若总其要义，挈其宏纲，亦不外如此各点。

（一）论历史学体裁

用怎样的体裁写著历史，这是历史方法论上的一个先决问题。刘知几对于这个问题提出了崭新的见解。这就是说，他坚决地反对模拟已经废弃了的古典体裁，主张应用当时流行的体裁。他在《模拟》中说：

> 语曰："世异则事异，事异则备异。"必以先王之道持今世之人，此韩子所著《五蠹》之篇，称宋人有"守株"之说也。世之述者，锐志于奇，喜编次古文，撰叙今事，而巍然自谓五经再生，三史重出，多见其无识者矣。

在这里，他指出历史的体裁，不是一成不变的，而是随时发展的，学者不应以古为高，妄事模拟。若必欲模拟，则其著述必不能为当代读者所接受。他在《六家》中说："爰逮中叶，文籍大备，必翦截今文，模拟古法；事非改辙，理涉守株。故舒元（孔衍字）所撰汉、魏等书不行于代也。"又说："君懋（王邵字）《隋书》虽欲祖述商、周，宪章虞、夏，观其所述，乃似《孔子家语》、临川《世说》，可谓画虎不成，反类犬也。故其书受嗤当代，良有以焉。"

因此，他以为如必欲模拟，亦只应师其立论命意，而不应学其形式。《模拟》曰："夫明识之士则不然，何则？其所拟者非如图画之写真，熔铸之象物，以此而似也。其所以为似者，取其道术相会义理玄同，若斯而已。"又说："盖貌异而心同者，模拟之上也；貌同而心异者，模拟之下也。然人皆好貌同而心异，不尚貌异而心同者，何哉？盖鉴识不明，嗜爱多僻，悦夫似史，而憎夫真史。此子张所以致讥于鲁侯，有叶公好龙之喻也。"

（二）论历史学言语

体裁是历史学的形式；而言语则是历史学的本体。因为任何形式的历史学，都必须借文字来表现其内容。刘知几在《叙事》中说："昔夫子有云：'文胜质则史。'故知史之为务，必藉于文。"正是说明这一意义。刘知几以为历史虽系述古人之事；但并非写给古人读的，而是写给当代之人读的。因此他反对在历史学上，应用陈死的古代言语，主张应用作者当时流行的言语。他在《言语》中说：

> 夫《三传》之说，既不袭于《尚书》；《两汉》之词，又多违于《战策》。足以验氓俗之递改，知岁时之不同。而后来作者，通无远识，记其当世口语，罕能从实而书，方复追效昔人，示其稽古。是以好丘明者，则偏模《左传》；爱子长者，则全学史公。用使周、秦言辞见于魏、晋之代；楚、汉应对行乎宋、齐之日。而伪修混沌，失彼天然。今古以之不纯，真伪由其相乱。故裴少期（松之字）讥孙盛录曹公平素之语，而全作夫差亡灭之词。虽言似《春秋》而事殊乖越者矣。

在这里，他指出言语也是随时演变的，未必古之言语，优于今之言语。所以《三传》不学《尚书》的言语，

《史》、《汉》不学《国策》的词句，以今古不同，言语已变。然而自魏以前，作者多效“三史”；自晋以降，作者喜学“五经”；以为如能学像了古人的言语文字，便可以向读者证明他的典雅高古渊博，这岂不荒谬！所以刘知几在《言语》中批判这些“拟古派”曰：

> 夫天长地久，风俗无恒，后之视今，亦犹今之视昔，而作者皆怯书今语，勇效昔言，不其惑乎！苟记言则约附“五经”，载语则依凭“三史”，是春秋之俗，战国之风，亘两仪而并存，经千载其如一，奚以今来古往质文之屡变者哉？

把近代语改装为古代语，而以写作历史，已经是今古不分，真伪相乱。而北朝诸家，又改夷语为华语，再改近代的华语为古代的华语，这就更使历史的记录，失其真实了。《言语》曰：

> 彦鸾（崔鸿）修伪国诸史，收（魏收）、弘（牛弘）撰魏、周二书，必讳彼夷音，变成华语，等杨由之听雀，如介葛之闻牛，斯亦可矣。而于其间则有妄益文彩，虚加风物，援引《诗》、《书》，宪章《史》、《汉》。遂使沮渠、乞伏儒雅比于元封；拓跋、宇文德

音同于正始；华而失实，过莫大焉。

（三）论历史学的编制

决定了体裁和言语，然后才能开始历史学的编制。刘知几认为历史学的编制，最主要的是剪裁浮词，削除繁文。他不主张在记事体的历史中兼录言论。因为言论与事实夹杂，则叙事因之不能明断。他在《载言》中说：

> 《尚书》之中，言之大者也，而《春秋》靡录。此则言、事有别，断可知矣。逮左氏为书，不遵古法，言之与事，同在传中；然而言、事相兼，烦省合理……至于《史》、《汉》则不然，凡所包举，务存恢博；文辞入记，繁富为多。是以贾谊、晁错、董仲舒、东方朔等传，唯上录言，罕逢载事。夫方述一事，得其纪纲。而隔以大篇，分其次序。遂令披阅之者，有所懵然。……愚谓凡为史者，宜于表、志之外更立一书。若人主之制册、诰令，群臣之章表、移檄，收之纪传，悉入书部，题为“制册章表书”。

在这里可以看出，刘知几之不主张言与事杂书，是因为这样的编制，遮断了叙事的联络。除此以外，他又以为史籍上所载的许多历史文件，都是虚构，不但不能说明史实，反而淆混史实。他在《载文》中列举其例。例如他说：在史籍中，常有“上出禅书，下陈让表，其间劝进殷勤，敦谕重沓，迹实同于莽、卓，言乃类于虞、夏”。又说：在史籍中，“凡有诏敕，皆责成群下，但使朝多文士，国富辞人，肆其笔端，何事不录？是以每发玺诰，下纶言，申恻隐之渥恩，叙忧勤之至意。其君虽有反道败德，唯顽与暴。观其政令，则辛、癸不如；读其诏诰，则勋、华再出”。又说：“夫谈主上之圣明，则君尽三五；述宰相之英伟，则人皆二八。国止方隅，而言并吞六合；福不盈眦，而称感致百灵。虽人事屡改，而文理无易，故善之与恶，其说不殊。”这些都是“徒有其文，竟无其事”。若以这类虚伪的历史文件，载之史籍，则“行之于世，则上下相蒙；传之于后，则示人不信。而世之作者恒不之察，聚彼虚说，编而次之。创自起居，成于国史，连章疏录，一字无废”。像这样的历史，已经“非复史书，更成文集”了。所以刘知几在结论上说：

> 凡今之为史而载文也，苟能拨浮华，采真实，亦可使夫雕虫小技者闻义而知徙矣。

（四）论历史学的标题

编制的规律既定，这就要轮到题目了。刘知几以为假如书的内容是体，题目便是这个体的名称，因此，题目必须能概括书的内容。他在《题目》中曰："夫名以定体，为实之宾。苟失其途，有乖至理。"但是他以为历来的史学家往往对于标题一点，有些名不副实。

他说照一般的习惯，在史书中，"其编年月者谓之纪，列纪传者谓之书，取顺于时，斯为最也"。但是，"吕（不韦）、陆（贾）二氏，名著一书，唯次篇章，不系时月，此乃子书杂记，而皆号曰'春秋'。鱼豢、姚察著魏、梁二史，巨细毕载，芜累尤多，而俱榜之以'略'。考名责实，奚其爽欤"！

又如篇章之标题，亦须与其内容相合。但是"如司马迁撰《皇后传》，而以'外戚'命章。案'外戚'凭'皇后'以得名，犹'宗室'因'天子'而显称，若编'皇后'而曰'外戚传'，则书天子而曰'宗室纪'可乎？班固撰'人表'以'古今'为目。寻其所载也，皆自秦而往，非汉之事，古诚有之，今则安在"？这些都是题不对文。

此外，刘知几以为题目的用处，在于提示内容，故其为体，以简明为要。如列传标题，人少者具出姓名，如《伯夷传》。人多者，唯书姓氏，如《老庄申韩列传》。又人多而姓氏相同者，则结定其数，如“二袁”、“四张”、“二公孙”传。但是到范晔，便于题目中全录姓名，其附出的人物，亦以细字列其名于主题之下。降至魏收，则更为琐碎。“其有魏世邻国，编于魏史者，于其人姓名之上，又列之以邦域，申之以职官。”这些既已详述于传内，又重标于篇首，大失标题的本意了。

（五）论历史学的断限

断限，就是划分阶段的意思。但刘知几所谓断限，是指断代而言。刘知几以为既断代为史，则在断代史中只应记其所断之代，史实不应超越这个朝代的界限。但是他以为后之作者，并未严守纪律。例如班固《汉书》，是断西汉以为史，而“表志所录，乃尽牺年”。又如：“宋史则上括魏朝，《隋书》则仰苞梁代。”又如：“汉之董卓，犹秦之赵高。昔车令之诛，既不列于《汉》、《史》，何太师之毙，遂独刊于《魏书》乎?”臧洪、陶谦、刘虞、孙（公孙）瓒生于季末，不关曹氏，何“汉典所具，而魏册仍编”？此外，如：“沈录金行，上羁刘主；魏刊水运，下列高王。唯蜀与齐，各有国史，越次而载，孰曰攸宜?”以上所举，他认为都是断代不清。

至于“夷狄本系，种落所兴。北貊起自淳维，南蛮出于槃瓠，高句丽以鳖桥获济，吐谷浑因马斗徙居。诸如此说，求之历代，何书不有？而作之者，曾不知前撰已著，后修宜辍。遂乃百世相传，一字无改”。这些，他认为都是侵官离局，越俎代庖。

总之，刘知几所谓断限，其意即如系一代之史，则非本代之事不书；如系一国之史，则非本国之事不书。

（六）论历史学的叙事

写著历史的方法，最主要的，就是叙事。刘知几论叙事之要有三，即简要、隐晦与确实。而最反对者，则为因习。

他在《叙事》说：“国史之美者，以叙事为工；而叙事之工者，以简要为主。”但他所谓简要，并不是略去史实，而是削去繁复。因为自昔以降，史籍之文，日趋繁缛。“作者芜音累句，云蒸泉涌。其为文也，大抵编字不只，捶句皆双，修短取均，奇偶相配。故应以一言蔽之者，辄足为二言，应以三句成文者，必分为四句。弥漫重沓，不知所裁。”文体既如此繁缛，而叙事又多重复。例如刘知几举出叙事之体有四：有直记其才行者，有唯书其事迹者，有因言语而可知者，有假赞论而自见者。此四种方法，用其一，即可畅叙事理；但后来作者往往四者并用，床上架床。所以刘知几首先提出简要的原则，正是对症下药。

刘知几以为叙事不仅要工，而且要美。历来史籍，叙事之美者，以《春秋》为最，而《春秋》叙事之美，则在于“微婉其辞，隐晦其说”①。因为这样，文章便有言外之意。所以刘知几以为叙事之要，其次就是隐晦。他在《叙事》中说：

> 章句之言，有显有晦。显也者，繁词缛说，理尽于篇中；晦也者，省字约文，事溢于句外。然则晦之将显，优劣不同，较可知矣。夫能略小存大，举重明轻，一言而巨细咸该，片语而洪纤靡漏，此皆用晦之道也。……夫“经”以数字包义，而“传”以一句成言，虽繁约有殊而隐晦无异。……（其纪事也）皆言近而旨远，辞浅而义深。虽发语已殚，而含义未尽。使夫读者望表而知里，扪毛而辨骨，睹一事于句中，反三隅于字外。晦之时义，不亦大哉！

叙事之要，尤在于真切。然而后来作者，多以古事比于近事，古人比于近人。设喻不当，遂使史实失其真切。刘知几在《叙事》中曾列举此类例子。如云：“论逆臣，则呼为问鼎；称巨寇，则目以长鲸。邦国初基，皆云草昧；帝王兆迹，必号龙飞。”又云：魏收《代史》，“称刘氏纳贡，则曰来献百牢”；吴均《齐录》，“叙元日临轩，必云

① 《史通·惑经》。

‘朝会万国’”。又云：“裴景仁《秦记》，称苻坚方食，抚盘而诟；王劭《齐志》，述洛干感恩，脱帽而谢。及彦鸾（崔鸿）撰以新史，重规（李百药）删其旧录，乃易‘抚盘’以‘推案’，变‘脱帽’为‘免冠’。夫近世通无案食，胡俗不施冠冕。直以事不类古，改从雅言，欲令学者何以考时俗之不同，察古今之有异?”诸如此类，不胜枚举。

刘知几以为叙事之病，莫大于因俗前史之文。它在《因习》中曰：“史书者，记事之言耳。夫事有贸迁，而言无变革，此所谓胶柱而调瑟，刻船以求剑也。”他又列举实例以证明因习之弊。例如他说：

> 《史记·陈涉世家》，称“其子孙至今血食”。《汉书》复有《涉传》，乃具载迁文。案迁之言今，实孝武之世也；固之言今，当孝明之世也；事出百年，语同一理。即如是，岂陈氏苗裔，祚流东京者乎!

又如他说：

> 韦、耿谋诛曹武，钦、诞问罪马文（司马昭），而魏、晋史臣书之曰贼，此乃迫于当世，难以直言。至如荀济、元瑾，兰摧于孝靖之末，王谦、尉回，玉折于宇文之季，而李（百药）刊齐史，颜（师古）述隋

篇，时无逼畏，事须矫枉；而皆仍旧不改，谓数君为叛逆。书事如此，褒贬何施？

（七）论历史学上的书法

书法和记事不同。记事是叙述史实的原委；而书法则是历史家对史实的褒贬。历史家执行褒贬之法甚多，但要而言之，则不外直书与曲笔。直书者，即以明文严词，直斥权贵；曲笔者，即饰非文过，取媚当道。即因如此，所以自古以来，直书的史学家，多遭刑戮，如齐史之书崔弑，司马迁之述汉非，韦昭仗正于吴朝，崔浩犯讳于北魏，或身膏斧钺，取笑当时；或书填坑窖，无闻后世。反之，曲笔阿时之徒，则功名富贵，忝然偷生。虽然，历史学的任务，是在于明是非，别善恶，贤贤贱不肖，所以刘知几还是主张直笔。他在《直书》中说：

盖烈士徇名，壮夫重气。宁为兰摧玉折，不作瓦砾长存。若南、董之仗气直书，不避强御；韦、崔之肆情奋笔，无所阿容。虽周身之防，有所不足；而遗芳余烈，人到于今称之。与夫王沈《魏书》，假回邪以窃位；董统《燕史》，持谄媚以偷荣。贯三光而洞九泉，曾未足喻其高下也。

同时他对于那些曲笔之徒，则大致贬词。《曲笔》中曰：

> 其有舞词弄札，饰非文过，若王隐、虞预，毁辱相凌；子野、休文，释纷相谢。用舍由乎臆说，威福行乎笔端。斯乃作者之丑行，人伦所同疾也。亦有事每凭虚，词多乌有。或假人之美，籍为私惠；或诬人之恶，持报己仇。若王沈《魏录》，滥述贬甄之诏；陆机《晋史》，虚张拒葛之锋。班固受金而始书，陈寿借米而方传，此又记言之奸贼，载笔之凶人，虽肆诸市朝，投畀豺虎可也。

以上所述，乃刘知几论历史学方法之大要。这诚如他自己所云："其为网罗者密矣，其所商略者远矣。"从这里我们可以看出，刘知几论史体，则反对模拟经传，主张应用近体；论言语，则反对宪章虞夏，主张应用今文；论编制，则反对繁文缛词，主张言、事异篇；论叙事，则反对因袭陈说，主张简要隐晦；论命题，则反对题不对文，主张名实相符；论断限，则反对越俎代庖，主张不录前代；论书法，则反对曲笔阿时，主张仗义直书。这些见解，都是很正确的，特别是反对模拟古典的体裁和古典的言语，一直到我们的今日，还有教育作用。因为一直到现在，还有人企图用古典的文字，来掩盖自己的浅薄。惟其中有一点是值得商量的，即言与事异篇。诚然把长篇大论的文章插入叙事之中，的确会打断读者对史实的观察之联系；但是有些文词，往往与史实不能分开，而且甚至就是史实的构成部分，如项羽的乌江自刎之歌，即其一例。因此，我以为短文而必要者，仍然要插在叙事之内；长文而次要者，则记于注内，以备参考。如此则言与事，各得其所。

六　刘知几论历史学文献

刘知几对于他以前的历史文献，也曾经展开一个全面的批判。他把中国的历史文献，分为两大类：一曰“正史”，二曰“杂史”。他所谓正史，就是“经”、“传”、《史》、《汉》，及其以后的官修国史；所谓“杂史”就是历代以来私家撰述的史籍。

他在《古今正史》中，历述中国正史的源流。上自《尚书》、《春秋》、《左传》、《史记》、《汉书》，下迄隋、唐诸史，无不原原本本，详述其作者姓名，成书经过，卷数篇数，及其后来的补注。其所根据的材料，自《史》、《汉》而下，都是援引本书序论的原文；至梁、陈以还，则多举其见闻所接。

他又在《杂述》中，列举中国历史的流派。他把古今“杂史”分为十类：一曰“偏纪”，二曰“小录”，三曰

“逸事”，四曰“琐言”，五曰“郡书”，六曰“家史”，七曰“别传”，八曰“杂记”，九曰“地里书”，十曰“都邑簿”。叙其性质，举其书名，条分缕析，巨细无遗。①

---

① 《杂述》篇云：

“夫皇王受命，有始有卒。作者著述，详略难均。有权记当时，不终一代。若陆贾《楚汉春秋》、乐资《山阳载记》、王韶《晋安陆（帝）纪》、姚最《梁昭后略》，此之谓偏记者也。

“普天率土，人物弘多，求其行事，罕能周悉。则有独举所知，编为短部。若戴逵《竹林名士》、王粲《汉末英雄》、萧世诚《怀旧志》、卢子行《知己传》，此之谓小录者也。

“国史之任，记事记言。视听不该，必有遗逸。于是好奇之士，补其所亡。若和峤《汲冢纪年》、葛洪《西京杂记》、顾协《瑣语》、谢绰《拾遗》，此之谓逸事者也。

“街谈巷议，时有可观。小说卮言，犹贤于已。故好事君子，无所弃诸。若刘义庆《世说》、裴荣期《语林》、孔思尚《语录》、阳玠松《谈薮》，此之谓琐言者也。汝颍奇士，江、汉英灵，人物所生，载光郡国。故乡人学者，编而记之。若圈称《陈留耆旧》、周斐《汝南先贤》、陈寿《益都耆旧》、虞预《会稽典录》，此之谓郡书者也。

“高门华胄，奕世载德。才子承家，思显父母。由是纪其先烈，贻厥后来。若扬雄《家牒》、殷敬《世传》、孙氏《谱记》、陆宗《系历》，此之谓家史者也。

“贤士贞女，类聚区分，虽百行殊途，而同归于善。则有取其所好，各为之录。若刘向《列女》、梁鸿《逸民》、赵采《忠臣》、徐广《孝子》，此之谓别传者也。

“阴阳为炭，造化为工，流行赋象，于何不育。求其怪物，有广异闻，若祖台《志怪》、干宝《搜神》、刘义庆《幽明》、刘敬叔《异苑》，此之谓杂记者也。

“九州土宇，万国山川，物产殊宜，风化异俗。如各志其本国，足以明此一方。若盛弘之《荆州记》、常璩《华阳国志》、辛氏《三秦》、罗含《湘中》，此之谓地里书者也。

“帝王桑梓，列圣遗尘，经始之制，不恒厥所。苟能书其轨则，可以龟镜将来。若潘岳《关中》，陆机《洛阳》、《三辅黄图》、《建康宫殿》。此之谓都邑簿者也。”

刘知几虽然把全部史籍别为“正史”与“杂史”；但他并不是重“正史”而轻“杂史”。他以为治史者，“正史”固然要读，“杂史”也要读。因专读“正史”，不读“杂史”，则见闻不周。但无论读“正史”或“杂史”，都要用批判的眼光去读。他在“杂述”中说：

> 刍荛之言，明王必择；葑菲之体，诗人不弃。故学者有博闻旧事，多识其物。若不窥别录，不讨异书，专治周、孔之章句，直守迁、固之纪传，亦何能自致于此乎？且夫子有云：“多闻，择其善者而从之”，“知之次也”。苟如是，则书有非圣，言多不经，学者博闻，盖在择之而已。

他以为如果不用批判之眼光去读书，则“见良直而不觉其善，逢牴牾而不知其失”。这样，虽“学穷千载，书总五车”，亦犹葛洪所谓“藏书之箱箧，《五经》之主人”①。虽多亦希以为用。

不过他所谓批判，不是根据于主观的爱憎，而是根据于客观的实在。他在《杂说》（下）中说：“夫自古学者，谈称多矣。精于《公羊》者，尤憎《左氏》；习于太史者，

① 《史通·杂说》下。

偏嫉盂坚。夫能以彼所长，而攻此所短，持此之是而述彼之非，兼善者鲜矣。”由此可以看出他的批判态度。

刘知几无论对“正史”或“杂史”，皆有批判。他对于“正史”，则在《疑古》中批判《尚书》，在《惑经》中批判《春秋》，在《申左》中批判《公羊》、《穀梁》二传，在《杂说》中则批判诸史，上自经传史汉，下迄隋唐，所有的历史文献，无不具体地指出其牴牾之处，疏略之点，而予以辩证。此外，在《杂说》中，对于十种杂史也逐一予以评述。这样就完成了他对中国历史学文献的批判。

他评《尚书》则曰：“《尚书》上起唐尧，下终秦穆，其书所录，唯有百篇。而书之所载，以言为主。至于废兴行事，万不记一，语其缺略，可胜道哉！故令后人有言，唐、虞以下帝王之事，未易明也。”①

评《春秋》则曰：“案鲁史之有《春秋》也，外为贤者（隐），内为本国（讳）。事靡洪纤，动皆隐讳。”②是则“有罪者得隐其辜，求诸劝诫，其义安在”？且“孔氏著《春秋》，隐、桓之间则彰，至定、哀之际则微，为具切当世之文，而罔褒讳之辞也。斯则危行言逊，吐刚茹柔，推避以求全，依违以免祸”③。

---

①②《史通·疑古》。

③ 《史通·惑经》。

评《公羊》、《穀梁》二传，则曰：其录人言，则“语乃龃龉，文皆琐碎”。其记事，则“缺漏不可殚论”。其命意，则“奖进恶徒，疑误后学”。至于“论大体，举弘纲，则言罕兼统，理无要害，故使古今疑滞，莫得而申焉”①。

评《史记》，则曰：“述《儒林》，则不取游、夏之文学；著《循吏》，不言冉、季之政事。”而传《货殖》，“独以子贡居先”；录《佞幸》，“惟以弥子瑕为始”。是其扬善显恶，有所未尽。又说：“撰《孔子世家》，多采《论语》旧说；至《管晏列传》，则不取其本书。”是其取材“可除而不除，宜取而不取”。又说：“《史记·邓通传》云：‘文帝崩，景帝立。’向若但云景帝立，不言文帝崩，斯亦可知矣，何用兼书其事乎？”而于《序传》云：“为太史七年，而遭李陵之祸，幽于缧绁”②，不及其他。是其叙事，可省而不省，不可省而省。自然他认为最大的弊病，就是“推命而言成败”。

其评《汉书》则谓其以汉史为列“古今人表”，于体裁，大为不类；以《汉书》抄录《史记》，而一字无改，于记事事理皆殊。又说：“《汉书》编苏氏之传，则先以苏建标名；列韦相之篇，则不以韦贤冠首。”于标题，前后不

① 《史通·申左》。

② 《史通·杂说》上。

一。又说："班固称项羽贼义帝，自取夭亡。"又云："于公（定国）高门以待封，严母（延年之母）扫地以待丧。如固斯言，则深信夫天怨神怒，福善祸淫者矣。"[①] 这又与司马迁同陷于历史的定命论了。

其评诸晋史，则曰："东晋之史，作者多门，何氏中兴，实居其最。而为晋学者，曾未之知，傥湮灭不行，良可惜也。王檀著书，是晋史之尤劣者，方诸前代，其陆贾、褚先生之比欤？道鸾不揆浅才，好出奇语，所谓欲益反损，求妍更媸者矣。"

其评《宋略》则曰："裴几原（子野）删略宋史，定为二十篇。芟烦撮要，实有其力；而所录文章，颇伤芜秽。"[②]

其评《魏书》则曰：以文字而论，则"援引诗书"，"妄益文彩"。使蛮音夷语，顿成经传之文。以书法而论，则"标榜南国，桓刘诸族，咸曰岛夷，是则自江而东，尽为草服之地"。反之，"称登国以鸟名官，则云好尚淳朴，远师少皞；述道武结婚蕃落，则曰招携荒服，追慕汉高。自余所说，多类于此"[③]。卖国求荣，"何其厚颜"如此。

其评北齐诸史，则盛称王邵《齐志》，这是因为这部书，多载方言，保存风俗。他在《杂说》中说："或问曰：

① 《史通·杂说》上。
② 《史通·杂说》中。
③ 《史通·浮词》。

王邵《齐志》，多记当时鄙言，为是乎？为非乎？对曰：古往今来，名目各异。区分壤隔，称谓不同。所以晋、楚方言，齐、鲁俗语，六经、诸子载之多矣。自汉已降，风俗屡迁。求诸史籍，差睹其事。或君臣之目，施诸朋友；或尊官之称，属诸君父。曲相崇敬，标以处士、王孙；轻加侮辱，号以仆夫、舍长。亦有荆楚训多为夥，庐江目桥为圯，南呼北人曰伧，西谓东胡曰虏。渠、们、底、箇，江左'彼此'之辞；乃、若、君、卿，中朝'汝我'之义。斯并因地而变，随时而革，布在方册，无假推寻，足以知氓俗之有殊，验土风之不类。然自二京失守，四夷称制，夷夏相杂，音句尤嬯。而彦鸾、伯起，务存隐讳；重规、德棻，志在文饰。遂使中国数百年内，其俗无得而言。盖语曰：'知古而不知今，谓之陆沈。'又曰：'一物不知，君子所耻。'是则时无远近，事无巨细，必借多闻，时成博识。如今之所谓者，若中州名'汉'，关右称'羌'，易'臣'以'奴'，呼'母'云'姊'，主上有'大家'之号，师人致'儿郎'之说。凡如此例，其流甚多。必寻其本源，莫详所出。阅诸《齐志》，则了然可知。由斯而言，邵之所录，其为弘益多矣。足以开后进之蒙蔽，广来者之耳目。微君懋，吾几面墙于近事矣，而子奈何妄加讥消者哉！"

其评《周书》则曰："其书文而不实，雅而无检，真迹甚寡，客气尤烦。寻宇文初习华风，事由苏绰。至于军国词令，皆准尚书。太祖敕朝廷，他文悉准于此。盖史臣所记，皆禀其规。柳虬之徒，从风而靡。”令狐德棻因之，“遂使周氏一代之史，多非实录者焉。”

其评《隋书》则曰：“诡辞妄说”，“以无益而书”。又说：“呜呼！苟自古著述其皆若此也，则知李斯之设坑阱，董卓之成帷盖，虽其所行多滥，终亦有可取焉。”

刘知几对“正史”的批判，大概如此。现在再看他对“杂史”的批判。他在《杂述》中说：

> 大抵偏纪、小录之书，皆记即日当时之事。求诸国史，最为实录。然皆言多鄙朴，事罕圆备，终不能成其不刊，永播来叶，徒为后生作者削稿之资焉。
>
> 逸事者，皆前史所遗，后人所记。求诸异说，为益实多。及妄者为之，则苟载传闻而无铨择，由是真伪不别，是非相乱。如郭子横之《洞冥》，王子年之《拾遗》，全构虚辞，用惊愚俗，此其为弊之甚者也。
>
> 琐言者，多载当时辨对，流俗嘲谑，俾夫枢机者借为舌端，谈话者将为口实。及蔽者为之，则有诋讦相戏，施诸祖宗，亵狎鄙言，出自床笫，莫不升之纪录，用为雅言。固以无益风规，有伤名教者矣。
>
> 郡书者，矜其乡贤，美其邦族。施于本国，颇得流行。置于他方，罕闻爱异。其有如常璩之详审，刘

晒之该博，而能传诸不朽，见美来裔者，盖无几焉。

家史者，事惟三族，言止一门，正可行于室家，难以播于邦国。且箕裘不堕，则其录犹存；苟薪构已亡，则斯文亦丧者矣。

别传者，不出胸臆，非由机杼，徒以博采前史，聚而成书。其有足以新言，加之别说者，盖不过十一而已。如寡闻末学之流，则深所嘉尚；至于探幽索隐之士，则无所取材。

杂记者，若论神仙之道，则服食炼气，可以益寿延年；语魑魅之途，则福善祸淫，可以惩恶劝善，斯则可矣。乃谬者为之，则苟谈怪异，务述妖邪，求诸弘益，其义无取。

地里书者，若朱赣所采，浃于九州；阚骃所书，殚于四国。斯则言皆雅正，事无偏党者矣。其有异于此者，则人自以为乐土，家自以为名都，竞美所居，谈过其实。又城池旧迹，山水得名，皆传诸委巷，用为故实，鄙哉！

都邑簿者，如宫阙陵庙，街廛、郭邑，辨其规模，明其制度，斯则可矣。及愚者为之，则烦而且滥，博而无限，论榱栋则尺寸皆书，记草木则根株必数。务求详审，持此为能。遂使学者观之，瞀乱而难纪也。

以上，是刘知几对“杂史”的批判。此外对《汉书·五行志》，还有单独的批判，这里不及再述。从以上的批判中，我们可以看出刘知几对中国的历史文献，皆认为有美中不足之处；但有一例外，即他对《左传》一书，则认为尽善尽美。他在《杂说》（上）中说：

> 左氏之叙事也，述行师则簿领盈视，哤聒沸腾；论备火则区分在目，修饰峻整；言胜捷则收获都尽，记奔败则披靡横前；申盟誓则慷慨有余，称谲诈则欺诬可见；谈恩惠则煦如春日，纪严切则凛若秋霜；叙兴邦则滋味无量，陈亡国则凄凉可悯。或腴辞润简牍，或美句入咏歌；跌宕而不群，纵横而自得。若斯才者，殆将工侔造化，思涉鬼神，著述罕闻，古今卓绝。

不论他对历史文献的批判是否完全正确，而其所指，皆系据各书内容，并非凭空武断。这种客观的精神和判断的能力，实可惊叹。

七 余论

《史通》一书，虽系一部专论历史方法的著作，但刘知几在论历史方法之中，亦尝寓褒贬与夺之义。其中《疑古》

一篇，题名《疑古》实即讽今。

例如他看到当武后之世，小人满朝，而武后尚以帝尧自居，则天为号。于是他在《疑古》中引据《左传》尧时有四凶而不能去之传说，而曰："斯则当'尧'之世，小人君子比肩齐列，善恶无分，贤愚共贯。"又引据《论语》"舜举咎繇，不仁者远"的传说，而曰："是则当繇未举，不仁甚多，弥验尧时，群小在位者矣。又安得谓之'克明俊德'、'比屋可封'者乎？"

又如他看到唐代史官，为了颂扬李渊而厚诬杨广，欲比杨广于桀、纣，以显出李渊即汤、武。于是他在同篇中引据子贡"桀、纣之恶不至是"一语而曰："武王为《泰誓》，数纣过失，亦犹近代之有吕相为晋绝秦，陈琳为袁檄魏，欲加之罪，能无辞乎？"

又如他看到李渊始则推戴恭帝，始则成其篡夺，而美其名曰禅让。于是谓尧、舜禅让不可信，而曰："观近古有奸雄奋发，自号勤王，或废父而立其子，或黜兄而奉其弟。始则示相推戴，终亦成其篡夺。求诸历代，往往而有。必以古方今，千载一揆。斯则尧之授舜其事难明，谓之让国，徒虚语耳。"

又如他看到李世民弑其兄，而当时论者，比之周公诛管、蔡。因为《左传》有云："周公杀管叔，而放蔡叔，夫岂不爱？王室故也。"为了打击这种谀词谬论，于是他引据

《尚书·君奭》篇序“召公为保，周公为师，相成王为左右，召公不说”的传说，而曰：“斯则旦行不臣之礼，挟震主之威，迹居疑似，坐招讪谤。虽奭以亚圣之德，负明允之才，目睹其事，犹怀愤懑。况彼二叔者，才处中人，地居下国，倾闻异议，能不怀猜？原其推戈反噬，事由误讹。而周公自以不减，遽加显戮。与夫汉代之赦淮南，宽阜陵，一何远哉！斯则周公于友于之义薄矣。而《书》之所述，用为美谈者何哉？”

以上不过略举数例，以示其范。此种例子，散见于其他各篇者，往往而有，不及备举。但由此已可看出《史通》一书，实为一部富有灵魂的历史著作。诚如他自己所云：“其为义也，有与夺焉，有褒贬焉，有鉴诫焉，有讽刺焉。”①

总上所述，可以说就是刘知几的历史学之大概的内容。虽然亦有其短，但是只要我们想见刘知几是七世纪末的一位历史学家，那他的短处，就应该由时代负责了。

昔班固评司马迁曰：“论大道则先黄老而后‘六经’，序游侠则退处士而进奸雄，述货殖则崇势利而羞贱贫，此其所蔽也。”②

---

① 《史通·自叙》。

② 《汉书·司马迁传》，《史通·书事》引同。

傅玄评班固曰："论国体则饰主阙而折忠臣，叙世教则贵取容而贱直节，述时务则谨词章而略事实，此其所失也。"①

刘知几评王沈、孙盛等曰："论王业则党悖逆而诬忠义，叙国家则抑正顺而褒篡夺，述风俗则矜夷狄而黜华夏，此其大较也。"②

吾于刘知几则曰："论大道，则先《论衡》而后'六经'；述史观，则反天命而正人事；疑古史，则黜尧、舜而宽桀、纣；辨是非，则贬周公而恕管、蔡；评文献，则疑《春秋》而申《左传》；叙体裁，则耻模拟而倡创造；此其所以为长也。但其论'本纪'则贬项羽而尊吴、蜀；评'世家'，则退陈涉而进刘玄；此又其所以为短也。"

---

① 《史通·书事》引傅玄语。

② 《史通·书事》。